리스크 없이
내 돈 3배로
불리는
기적의 방법

리스크 없이
내 돈 3배로
불리는
기적의 방법

초판 1쇄 발행 2023년 11월 30일

지 은 이 하종욱
펴 낸 이 김동하

편   집 최선경
마 케 팅 강현지

펴 낸 곳 부커
출판신고 2015년 1월 14일 제2016-000120호
주   소 (10881) 경기도 파주시 산남로 5-86
문   의 (070) 7853-8600
팩   스 (02) 6020-8601
이 메 일 books-garden1@naver.com
인스타그램 www.instagram.com/thebooks.garden

ISBN 979-11-6416-184-3 (03320)

직장인의 가장 현실적인 재테크

리스크 없이 내 돈 3배로 불리는 기적의 방법

하종욱 지음

BOOK∧ER

자본주의는 우리가 금융 문맹이길 바란다

약 10년 전, 인생 예정에 없던 '금융'에 첫발을 들여놓게 된 사건이 생겼다. 서울에 올라와 첫 인턴 생활을 보내고 이후 새로운 회사를 찾아다니던 내가 한 대형보험사에서 근무하게 된 것이다. 그곳은 국내 대형 금융계열사 중 하나였지만 사실 그 일에 큰 매력을 느끼지는 못했다. 필요 이상으로 상품을 부풀려 판매하는 공급자 중심의 시장 관행이 마음에 들지 않았기 때문이다.

나름의 금융 투사 정신이 이때부터 발휘되었던 것 같다. 그래서 내가 받을 수당을 높이자고 위험을 팔아 계약자에게 불필요한 계약을 크게 체결하기보다는 인생 전반에 꼭 필요한 설계를 해주었다.

생각해보면 우리 집은 그리 부유하지 않았던 터라, 본격적으로 금융업에 들어오기 전까지 스스로 돈 공부를 해본 적이 없었다. 그래서 금융 공부를 하면 할수록 모르고 살면 얼마나 많은 기회를 놓치게 되는지 잘 알게 되었다. 그리고 대다수의 사람이 나와 비슷한 상황이라는 것을 알기에, 그들에게도 이 지식이 꼭 필요하겠다는 확신이 들었다. 그렇게 나는 직장생활을 하는 10년 동안 동시에 금융 강사로도 활동하게 되었다.

자본주의의 비밀을 알면 알게 될수록 세상은 우리가 돈 공부를 하지 않길 바란다는 걸 알게 된다. 아마도 그 때문에 우리가 금융 관리가 중요하다는 사실조차 인지하지 못하며 사는 것 같다. 부자가 아닌 보통 사람들의 금융 활동 패턴은 대동소이하다. 부모님의 권유로 목적 없는 적금을 만들고, 지인의 권유로 보험을 가입하고, 남들 따라 청약에 가입한다. 목돈이 좀 모일라치면 제대로 이해도 못 한 투자상품에 가입했다가 돈을 잃고, 그걸 추천한 사람이나 투자처를 욕하고, 다시는 투자를 하지 않겠다고 다짐하는 것. 많은 이들이 이런 안타까운 실수를 반복한다.

하지만 부자가 되려면 이와 철저히 반대로 해야 한다. 의도를 갖고 단기적 목적이 있는 적금을 만들어야 하고, 내 상태에 딱 알맞은 규모의 보험을 가입해야 하며, 내가 원하는 집을 마련하기 위한 목적으로 청약을 가입하고, 목돈이 없어도 늘 조금씩이라도 투자하고 있어야 한다. 이 책에서는 이렇게 직장인에게 꼭 필요한 현실적인 재테크 방법에 대해 이야기해 볼 것이다. 누군가는 내 월급을 가지고 소소하게 굴리는 재테크가 '찌질하다' 말할지 모른다. 하지만 내가 묻고 싶은 건 '지금 찌질하게 살 것인지 평생 찌질하게 살 것인지 선택하라'는 것이다.

사회초년생 시절 절약을 통해 목돈을 모았다면, 자연스레 투자를 통해 목돈을 굴리고 싶어진다. 하지만 투자는 여러 위험이 늘 상존한다. 이 위험에서 멀어지기 위해 워런 버핏의 투자 원칙을 소개하고 싶다.

첫 번째 투자원칙은 잃지 말라는 것, 그리고 두 번째 원칙은 잃지 말라는 것을 잊지 말라는 것이다. 그렇다. 통상 스포츠에서 100전 99승 1패는 매우 명예롭고 대단할 수 있으나, 투자시장은 그렇지 못하다. 100전 99승 1패라도 그 1패가 마지막에 얻은 결과라면 모든 것을 한 번에 다 잃을 수도 있다.

그리고 금융시장에서는 절대 전부를 한 번에 잃지 않는 방법이 있다. 여러 상품에 골고루 나눠 투자하고 있는 돈을 다 털어 한 번에 매수하는 게 아니라 매월 조금씩 분할해서 사는 것이다. 매달 월급이 나오는 직장인은 이를 실현하기에 용이한 현금 흐름 구조를 갖고 있다. 물론 답답할 수도 있다. 하지만 우리에게 필요한 건 변동성 있는 시장에서 위험을 감수하는 게 아니라 지속적이고 안정적인 수익으로 만드는 단단한 자산이다.

2014년부터 지금까지 10년간 보험설계사, 핀테크 스타트업 마케터, 금융자문사 펀드투자 상담사, 서울시 복지재단 금융 강사 등 다양한 접점으로 금융 소비자와 관계를 맺으며 늘 외쳤다. 그리고 그 외침에는 금융문맹을 탈출하고 자유의지로 삶을 개척하고자 하는 굳은 마음, 그리고 금융문맹으로 살며 자산 관리의 필요조차 느끼지 못하는 사람들을 돕고자 하는 의지가 담겨있다.

부족한 나의 강의와 콘텐츠를 읽고 들어준 수많은 분들께 감사함을 전하고 싶다. 이 책은 금융 시장에서 논의된 적 없는 비밀을 파헤치는 책도 아니고, 일확천금을 얻는 법을 알려주는 책도 아니다. 다만, 인생을 스스로 의도한 바에 따라 단단히 만들어가고 싶은 사람들에게 절대 무너지지 않을 시스템을 만들어줄 수 있는 책이다. 당신을 비롯한 모든 이들에게 이 책이 삶의 황금열쇠가 되길 진심으로 바란다.

하종욱

목차

1장 작고 귀여운 내 월급도 관리가 필요해

2장 저축 얼마나 할지 딱 정해드립니다!

3장 안전한 투자법으로 확실하게 부자 되기

4장 지속관리 시스템으로 완성하는 '같은 월급, 다른 인생'

1장

작고 귀여운
내 월급도
관리가 필요해

여러분의 월급, 안녕하신가요?

바야흐로 재테크의 시대

코로나 이후 우리 자산 시장과 실물 시장은 유례를 찾아보기 힘들 정도로 요동쳤다. 이 시기를 간단하게 요약해보자. 2020년부터 2022년까지는 비트코인이 요동치며 어마어마하게 많은 사건과 사고가 일어났던 시기였다. 누군가는 이른바 '돈 복사'에 성공했지만 누군가는 '벼락거지'가 되어버렸다. 유동성이 심해지며 주식 시장이 급등했고 정부의 규제가 시작되며 부동산 가격은 걷잡을 수 없이 높아졌다. 작년 한 해, 그리고 올해 상반기까지 '투자하지 않아서 아쉬웠던 상황'이 얼마나 많았을지 모르겠다.

하지만 이렇게 온갖 재테크가 난무하는 시대일수록 꼭 말하고 싶은 것이 바로 기본기다. 내가 정말 좋아하는 만화가 있다. 바로 《슬램덩크》인데, 이 만화에서 주인공 강백호는 처음에 기본기만을 어마어마하게 많이 연습한다. 그러다가 어느 순간부터 실력이 가파르게 상승한다. 수치가 일정 기간 동안 제자리 걸음인 것처럼 보이다가 어느 순간 급등하는 '계단식 상승' 형태로 실력이 급상한 것이다.

그렇다고 모두가 이렇게 실력을 급격하게 상승시킬 수 있는 건 아니다. 기본기가 뒷받침되어야만 실력을 상승시킬 수 있다. 정말 위험한 게 아무런 노력과 아무런 준비 없이 큰 자산을 불리는 것이다. 그러면 내가 아무런 준비를 하지 않아도 된다는 안일한 생각에 빠질 수 있고 그러면 더 큰 자산을 한 방에 잃을 수밖에 없는 상황이 온다. 주변에서 돈을 많이 번 사람 중에 급격하게 잃은 사람의 대다수가 그러했다. 기반을 단단하게 만드는 기초 공사가 안 되어 있는 사람들. 그렇기 때문에 기초의 중요성을 다시금 한 번 더 강조하고 싶다.

우리가 직장 생활하면서 월급 관리를 할 날은 앞으로 최소한 30~40년 남았기 때문에, 지금부터 재테크에 대한 기본 지식을 천천히 하나하나 쌓아 보면 우리의 긴 인생에 정말 중요한 자산이 되지 않을까 싶다.

왜 돈을 모아야 할까?

본격적으로 이야기를 시작하기 전에 월급 관리를 왜 해야 하는지에 대해 말해 보자. 크게 나누자면 그 이유는 세 가지인데, 첫 번째가 유병장수 현상이다. 대한민국 국민의 기대수명은 83.6년으로, OECD 국가의 평균보다 높다. 그런데 우리는 우리의 남은 날들에 대해 충분히 준비하고 있을까? 안타깝게도 그렇지 못하다. 대한민국은 1인당 평균 5,000만 원의 노후 준비를 하고 있지만 미국과 호주는 약 2억 정도를 준비하고 있다고 한다. 한국에 비해 4배나 많은 금액이다. 이것만 봐도 알겠지만, 노후 준비 때문에라도 저축의 불가피성은 정말 거부할 수 없는 팩트다.

두 번째는 경제성장률 하락이다. 점점 경제성장률이 하락하고 있다. 한국은 이미 거대한 경제 성장을 경험해왔고, 이제 한국 시장에서는 새롭게, 크게 성장시킬 것들이 많이 남아있지 않기 때문이다. 그렇기에 우리의 자산을 예·적금이라는 안전 자산으로 관리할 때 불어날 수 있는 몫이 크지 않다. 경제가 크게 성장하지 않으니 자연스럽게 거기에서 불어나는 가치도 크지 않을 것이다. 그래서 우리는 이제는 더 이상 예·적금이라는 안전 자산에만 투자할 게 아니라, 일정량의 위험을 감수하더라도 새로운 투자에 도전해 예·적금으로 얻을 수 있는 수익의 2배, 3배를 뛰어넘는 수익률을 낼 준비를 해야 한다.

마지막 이유는 부의 편중이다. 아마존, 넷플릭스, 쿠팡, 네이버, 카카오 같은 대규모 플랫폼 기업들이 사회를 지배하기 시작하면서부터는 그 부의 편중은 판이해지고 있다. 조금의 과장을 보태자면, 부의 99.99%를 플랫폼 기업이 가져가고 나머지 0.01%를 플랫폼 기업에 속하지 않은 우리가 나눠 가지는 것이다.

우리가 자산을 모으는 이유는 우리 삶을 영위하기 위해서인데, 누구보다 내 삶을 정확하게 아는 사람만이 내가 가진 자원을 효율적으로 활용할 수 있다. 예전 같은 경우엔 중산층도 집을 사고, 차도 사고 여행도 다니며 원하고 필요한 것들을 대부분 이룰 수 있었다. 하지만 지금은 다르다. 지금의 세대는 정말 내가 원하는 게 무엇인지를 알고 그곳에만 자신의 한정된 자원을 써야만 행복이 올라가는 만족도가 높아진다. 그래서 한정적 자원으로 우리의 삶을 행복하게 살아가기 위한 자아 탐색이 필수인 것이다. 이 책에서는 이런 생각을 기반으로 우리가 월급을 어떻게 관리해야 하는지 알아보려고 한다.

가난하게 태어난 것은 우리의 잘못이 아니지만 가난하게 죽는 것은 어쩌면 우리의 책임일지 모른다. 타고난 배경은 부모님이 마련해준 것이지만 내가 눈감을 때의 환경은 철저하게 내가 만든 것이다. 이 사실은 사회초년생이던 정말 돈 한 푼 없던 시절부터 지금까지의 내가 쌓아온 자산으로 확실히 보장하는 부분이다.

금융을 열심히 공부했던 나만 그런 것 아니냐고? 절대 아니다. 나는 내 주변의 사람들을 지켜보며, 시간과 노력을 들여 꾸준히 달려온 이들이라면 부의 증가가 계속해서 일어난다는 사실을 확인했다. 그러니 당신 또한 할 수 있다.

직장인도 부자 되는 확실한 방법, 부의 알고리즘

부의 알고리즘

직장인도 부자가 되는 확실한 방법, 즉 부의 알고리즘을 이야기해보자. 다르게 이름을 붙이자면 '평생을 책임지는 3대 소득'이라고도 부를 수 있다. 이 파트는 그냥 읽고 넘어가선 안 되고, 반드시 스스로 되뇌며 당신의 것으로 만들어야 한다.

한 아이를 상상해 보자. 이 아이가 태어나서 청년이 되고 중년이 되고 마지막으로 노년이 될 때까지 시간은 쉬지 않고 흐를 것이다.

하지만 이 아이가 평생 얻어낼 수 있는 소득에는 한계가 있다. 이때 얻을 수 있는 소득은 노동을 통해 버는 것만 있는 게 아니다. 소득에는 어떤 종류가 있을까? 우리는 노동 소득뿐만이 아니라 총 세 가지의 소득이 있다는 사실을 확실하게 알아야 한다.

첫 번째로는 직접 몸을 써서 만들어내는 소득, 바로 '근로소득'이다. 인구의 99.9%가 이를 통해 소득을 만들어 낸다. 두 번째 소득은 근로 소득을 통해서 목돈을 좀 쌓았을 때 실행 가능한 경제활동인 '정보소득'이다. 흔히 금융 소득이라고 하는 사람들도 있겠지만 이 소득의 핵심은 정보에 더 맞춰져 있기 때문에 이 책에서는 '정보 소득'이라고 정의하겠다. 그리고 마지막으로 내가 일을 하지 않아도 만들어 낼 수 있는 소득이 있는데, 그게 바로 '불로소득'이다. 이 세 가지 소득이 있다는 걸 이미 알고 있었더라도, 아는 것에 그치지 않고 실천해야만 내 것이 되듯이, 내가 이 세 가지 소득을 모두 만들어 내야겠다는 생각을 가져야 한다.

　우선 근로소득의 핵심을 짧게 알아보자. 첫 번째는 희소성이다. 우리가 살고 있는 사회는 점점 더 깊은 능력주의 사회로 바뀌어 가고 있다. 단순히 연차를 쌓아 급여를 올리는 시대는 사실 이제는 끝났다고 봐도 될 거 같다. 아무리 많은 시간을 일터에서 버텨내더라도 더욱더 날카롭고 성공적인 의사 결정을 할 수 있는 능력이나 더 많은 일을 해낼 수 있는 능력이 없다면 사실상 우리의 근로 소득은 크게 올라가지 않을 것이다. 그렇기 때문에 비록 한 시간을 일하더라도 더 효율적으로 결과를 낼 수 있는 능력을 길러야 한다.

　두 번째로 정보소득의 핵심은 바로 속도다. 비유를 통해 직관적으로 알아보자. 어느 날 당신은 무인도를 탐험하다가 보물상자를 발견했다. 당신이 혼자라면 보물상자 안의 금은보화는 온전히 모두 당신의 것이 된다. 하지만 여러 사람과 함께 발견했다면 금은보화를 모두 나눠 가지게 된다. 정보소득의 핵심은 바로 이것이다. 모든 가치는 '갭(차이)'에서 나온다. 누구는 생각해내지 못했는데 나만 그 생각을 떠올렸고 그게 만약에 실제로 맞는 정보라면 그 정보의 가치만큼 수익화될 수 있다는 것이다.

부자의 허들을 뛰어넘어라

　우리는 왜 제대로 된 금융교육을 받지 못했을까? 혹은 월급을 어떻게 관리할지 생각해보지 못했을까? 그 이유는, 성공한 선발대가 후발주자에게 굳이 이런 정보를 공유해서 돈을 불려 나가는 데 있어 새로운 경쟁자를 만들고 싶지 않기 때문이다. 어쩌면 이러한 생각은 가장 맞는 생각일 수도 있고 음모론일 수도 있지만, 돈을 가진 사람들이 자신이 이미 가진 자산과 이후에 자신의 것이 될 자산을 더 쉽게 유지하고 싶어 하는 것은 사실이다.

　예를 들어, 경제를 잘 모르는 사람 입장에서는 금융 시장에서 사용되는 용어가 아주 어렵고 멀게만 느껴진다. 런던대학교 경제학과 장하준 교수의 말에 따르자면, 금융·경제 용어 중 80% 이상은 사실 일반인이 상식선에서 이해될 수 있는 단어이지만 불필요하게 어려운 껍데기가 씌워져 있다고 한다. 이런 어렵고 낯선 용어들이 우리와 금융·경제 사이에 놓인 허들이 되는 것이다. 그래서 우리는 이 껍데기뿐인 허들을 두려워하지 말고, 우리에게 부를 가져다줄 '진짜 가치'를 가진 정보에 접근하기 위해 노력해야 한다.

마지막으로 세 번째 소득인 불로소득의 핵심에 대해 이야기해 보자. 한 가지 실제 예시를 들어보겠다. 내가 재직 중인 회사는 신사역에 있는데 우리는 20층짜리 건물에서 4개의 층을 사용하고 7,400만 원의 임대료를 낸다. 이 건물에서는 한 달에 총 2억 5,000만 원의 임대료가 발생하는데 이 건물을 소유한 법인 회사는 이러한 건물이 5개나 있다. 가만히 앉아 숨만 쉬어도 한 달에 10억 이상의 돈이 나올 수 있는 시스템을 만든 것이다.

물론 이 건물은 무에서 유를 창조하듯 마법처럼 생겨난 건 아닐 것이다. 많은 돈을 준비해 두고, 부동산 시세가 싼 곳을 미리 알아봤을 거고, 그곳이 개발되면서 큰 시세 차액을 냈을 것이다. 이렇게 처음에는 준비도 하고 돈을 모아가는 과정이 있었기 때문에 결국 이렇게 소득을 불릴 수 있게 된 것이다. 그렇기 때문에 불로소득의 핵심은 결국 사전 준비 단계인 '시스템 구축'인 것이다.

당신의 능력을 끌어올려라

아직 재테크나 금융이 낯선 사람이면, 아직은 이 세 가지 소득이 조금 추상적으로 느껴질 수도 있을 것 같다. 그래서 나는 여러분들에게 팁을 하나 주고 싶다.

근로소득은 능력의 희소성, 일반적으로는 직장에서의 노하우나 경험을 통해서 발생한다. 그리고 요즘에 워낙 '부캐 전성시대'라고 하지 않는가. 당신이 무심코 흘려보낸 여가 시간에 사이드 잡을 만드는 것은 근로소득을 높일 수 있는 좋은 방법이다.

또한, 나는 모든 사람들이 당근마켓이나 중고거래를 적극적으로 이용했으면 한다. 이런 것들이 좋은 이유는 내가 어떤 직업이나 어떤 능력을 가지고 있든, 자본주의 사회 안에 있다면 모든 물건을 사거나 팔 수 있기 때문이다. 내가 가진 물건(혹은 능력)을 파는 경험을 반복할수록, 내가 가지고 있는 자원을 포장하거나 높은 값을 받아낼 수 있는 능력이 향상된다. 이는 자본주의 사회에서 필수적인 능력이라고 볼 수 있다.

또한 정보 소득의 경우, 주식이나 부동산의 시세 차익 혹은 그 이외에 시장 전체와 실제 자기 자신이 가지고 있는 정보의 차이가 중요하게 작용하는 모든 시장에서 핵심적인 수익 요소 중 하나라고 보면 된다.

최근 가장 많은 관심을 받고 있는 수익은 바로 시스템을 통해서 얻는 불로소득인데, 이 불로소득의 종류에 대해서는 다시 한번 깊게 이야기하고 싶다.

그중 하나는 바로 '근로의 불로화'가 반영된 불로소득이다. 이는 간단하게 이야기하자면, 내가 쌓아 올린 정보와 콘텐츠를 통해 수익을 쌓는 경우를 말한다. 가장 확실한 예시로 유튜버라는 직종이 있다. 유튜버들은 자신의 콘텐츠를 유튜브라는 플랫폼에서 적립해 상대가 그 콘텐츠를 확인하면 수익을 얻는다. 또한, 인터넷에 내가 금융 강의를 한 뒤 강의 플랫폼에 해당 자료를 유료로 올리게 된다면 그것 또한 오늘의 노력이 내일의 자동 수익으로 전환되는 시스템이 되는 것이다.

불로소득을 언급하며 주식을 빼놓을 수는 없다. 주식도 주식의 시세 차이가 있겠지만 내가 주식을 보유하고 있기 때문에 분기 혹은 연 단위로 나오는 배당 수익이 있다. 그런 배당 수익을 통해서 불로소득, 시스템 소득을 챙길 수 있다. 또한 부동산을 통해서도 배당처럼 임대 수익이 발생한다. 수익률이 연 5%라 치면 5억을 기준으로 연 2,400만 원, 월 200만 원 정도의 소득이 발생하게 된다.

마지막으로는 '패시브인컴'을 소개하고 싶다. 이는 초반에 재반 작업을 끝낸 후에는 작업을 유지하기 위해 굳이 노력할 필요가 거의 없는, 즉, 지속적으로 돈을 벌 수 있는 수단이라고 보면 된다. 쿠팡파트너스 같은 서비스를 예로 들자면, 경쟁력 있는 상품의 구매 링크를 내 개인 블로그에 올리는 키워드 작업하고 해당 링크를 통해 상품 구매가 일어나면 수수료(CPS·Cost Per Selling)를 얻는 방식이다. 전자책이나 온라인 강의를 제작해 그를 통해 지속적인 수익을 얻는 방법도 있다. 소득에 대한 시야를 확장해서 내 상황 혹은 내 능력에 적합한 소득을 만들어 보면 좋을 것 같다

부의 피라미드, 그 최극단으로

지금까지 살펴본 '근로 소득·정보 소득·불로 소득', 이 세 가지의 소득은 어떠한가? 당신에게도 근로 소득 이외에 다른 소득들이 발생하고 있는가? 없다면 우리는 지금부터 단 1만 원이라도 돈을 불릴 수 있는 준비를 해야 한다. 아무런 준비도 하지 않으며 만 원

한 장도 불리지 못하는 사람이 1,000만 원, 1억을 불려나길 수는 없다. 바꿔 말해, 손에 1,000만 원, 2,000만 원이 있을 때는 투자를 안하다가 언젠가 열심히 노력해 1억을 모으게 된 후 갑자기 투자를 시작한다면 어떻게 될까? 소중한 목돈을 한 번에 잃을 수도 있는 위험이 있다. 그렇기 때문에 지금 당장이라도 투자를 배우고 불로소득을 낼 수 있는 준비를 시작해야 한다는 이야기를 하고 싶다.

불로소득의 핵심은, 자본가는 절대 직접 땀 흘려 일을 하지 않고 돈이 일하게 한다는 것이다. 부의 피라미드에서 상위 최극단에 있는 부자들은 아무리 열심히 땀 흘려 노동을 한다 해도 직접 일해서 얻은 근로 소득보다 돈이 알아서 불어나는 불로소득의 규모가 훨씬 크다. 빌 게이츠 같은 경우는 수십 억짜리 호화 요트를 타고 휴가를 다녀왔는데, 휴가에 사용한 막대한 거금보다 휴가 기간 동안 알아서 불어난 돈이 훨씬 많아 결국 빌게이츠의 자산은 더 늘어났다고 한다. 이 현실성 없는 이야기기 언젠가 우리의 미래가 될 수 있도록, 이 파트에서 다룬 소득을 내는 다양한 방법들을 실천해보길 바란다.

내 삶을 바꿔줄 경제적 자유를 쟁취하고 싶다면

앞의 챕터에서 이야기한 세 가지 소득을 어떻게 하면 자연스럽게 불릴 수 있는지 이제 본격적으로 구체적인 실행 방안을 이야기해 볼까 한다.

누구나 근로소득과 정보소득, 불로소득 이 세 가지의 소득이 모두 발생하는 건 아니지만, 이 세 가지 방법으로 소득을 내는 사람이라면 보통은 이렇게 순차적으로 발생했을 가능성이 높다.

근로소득 → 정보소득 → 불로소득

그리고 첫 번째 단계인 근로소득에서 멈추지 않고 나머지 두 가지 소득을 모두 발생시키기 위해서는 아래의 다섯 가지 단계가 필요하다.

경제적 자유를 향한 다섯 단계

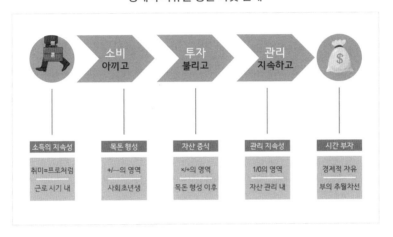

① 그 첫 번째 단계는 내 일을 열심히 꾸준히 하며 '소득의 지속성'을 유지하는 것이다. 자산이라는 돌이 단단해지고 커지는 핵심 원천은 소득의 지속성이다. 내가 말하고 싶은 팁은 '취미를 프로처럼'이다. 미래학자가 말하기를 현재 인류의 기대수명은 100살 이상이라고 한다. 때문에 단적으로 말하자면, 우리의 직업이 평생 하나일 가능성이 제로라는 것이다.

예를 들어, 첫 번째 직업으로 영상 편집을 하다가 어느 날 갑자기 강사가 될 수도 있고 수영선수를 하다가도 영어 선생님이 될 수 있는 게 지금 시대이다. 긴 시대를 살아가야 한다는 사실을 인정한다면 당연히 여러 가지 직업을 가지고 다양한 일을 해야 한다는 사실도 인정해야 한다. 그 여러 가지 일을 모두 나의 직업으로 삼을 수 있다는 걸 고려했을 때, 가장 쉬운 방법이 '취미를 프로처럼' 하는 것이다.

주 5일제를 거쳐 이제는 주 4일 근무제까지도 얘기가 나오는 시기이다. 여가 시간이 늘어남에 따라서 요즘 20, 30대는 자기 계발에 정말 진심인 편이다. 그래서 회사 업무를 마친 이후 혹은 주말을 통해서 내가 좋아하는 걸 하길 바란다. 처음에는 돈을 지불해 가면서라도 꾸준하게 하다 보면 누군가를 가볍게 가르쳐 줄 수 있는 동아리 수준이 될 수 있고 그 동아리 수준이 점점 발전하다 보면, 언젠가 누군가에게 돈을 받고 가르치거나 판매할 수 있는 수준이 된다.

나 또한 철저하게 그런 과정을 밟았다. 금융 강의를 처음 시작했을 때, 한 친구가 재직 중인 회사에 내가 금융 강의를 해주고 싶은데 괜찮겠느냐고 허락을 구하고 강의를 한 적이 있다. 그리고 회사에서 진행한 강의를 블로그에 올려서 온라인상에서 댓글과 반응을 얻어냈고, 점점 많은 사람들이 관심을 가지게 되어 또 다른 사람에게 추천이 오고 새로운 강의를 할 수 있도록 제안을 받는 등의 결과를 냈다. 그러다가 어느 순간 서울시 복지재단이라는 공기관에서까지 연락이 오는 일도 생겼다.

세상은 점점 능력주의로 바뀌어 가고 있다. 즐길 수 있는 취미를 지속하다가 어느 순간 그것이 내 능력이 되면, 누군가가 내 능력에 돈을 지불하게 되는 경험이 생긴다. 그러다가 기존의 직업을 통해 얻는 수익보다 취미로 하는 일로 얻는 수익이 1.5배가 되는 시점이 될 때 과감히 이직을 하는 게 이상적인 방법이다. 이게 바로 내 삶을 점점 내가 즐길 수 있는 방향으로 이끌어가는 것과 동시에 소득의 지속성을 낼 수 있는 비결이다.

② 소득의 지속성을 확보했다면 두 번째로는 '목돈 형성'을 위한 소비 통제를 할 시간이다. 여기서부터는 플러스, 마이너스의 영역이자, 사회생활 1년 차부터 4~5년 차인 사람들에게 해당하는 단계다. 이 목돈 형성의 시기에 얼마나 많은 돈을 모으냐에 따라서 추후 투자의 결과가 바뀌게 된다. 이때 내 자산을 얼마나 잘 모으느냐에

따라 가만히 있어도 불어날 수 있는 소득이 커지는 것이다. 돈을 잘 모으는 사람은 목표가 있는 사람이기도 하지만 불어난 맛을 본 사람이기도 하다.

③ 소비 통제를 통해 열심히 목돈을 형성한 사람들은 이제 곱셈, 나눗셈의 영역인 '자산 증식' 단계에 접근할 수 있다. 이제는 투자로 돈을 불릴 수 있지만 반대로 주의할 점도 있다. 앞서 말한 대로 투자는 곱셈의 영역이기도 하지만 나눗셈의 영역이기도 하다. 우리의 소중한 자산이 반 토막, 삼 토막 난 고등어가 될 수도 있다. 우리가 소득의 지속성을 유지할 수 있는 직장생활 기간과 목돈을 모으는 소비 통제 기간에 동시에 투자 공부를 해야 할 이유이기도 하다.

그러니 자산을 증식하고 싶다면 이러한 위험성을 고려해서라도 우선 목돈을 모은 이후 최소 3, 4년간 재테크를 공부한 뒤 본격적으로 돈을 굴리는 것을 추천하고 싶다.

④ 이후에는 근로소득과 정보소득을 통해 얻은 돈이 자동으로 돈을 벌어다주는 시스템, 즉 '시스템을 통한 불로소득'을 만들고 그

것들이 지속될 수 있도록 관리를 해야 한다.

불가피한 일로 소득이 갑자기 끊기더라도 내 월급의 서너 배 정도 되는 비상 자금이 있다면, 3~4개월 정도 소득이 없는 상황에서도 저축을 지속할 수 있을 것이다. 그러면 당연히 통장에 묵혀놓은 목돈은 깨지 않아도 되고 투자 시점에 와서 더 큰 가치를 만들어 낼 수 있다.

⑤ 시간 부자라는 말은 내가 친구를 만나고 싶을 때 언제든지 편하게 친구를 만날 수 있고, 일을 그만두고 싶을 때 그만두고 다른 즐길 거리 할 수 있는 상태, 즉 경제적 자유를 기반으로 내 삶의 선택권을 가져갈 수 있는 수준에 도달한 상황을 말한다.

다행히, 자산 관리를 지속하는 데 너무 좋은 환경들이 많이 생기고 있다. 금융 관련 핀테크 앱도 있을 것이고 그리고 지금 읽고 있는 이 책도 있을 것이고, 언젠가 이루어질 경제적 자유를 위해 내가 세운 나만의 루틴과 약속들도 있을 것이다. 그런 것들이 다 어우러져 성공적인 월급 관리를 지속해나간다고 하면 분명 당신의 통장에도 혁명이 일어날 수 있다.

그날을 위해 앞서 설명한 다섯 단계를 잘 따른다면, 언젠가 당신도 휴가를 떠난 빌 게이츠처럼 당신이 쓰는 돈보다 가만히 불어나는 돈이 더 많아지는 시스템을 만들어 언제든지 자유를 만끽할 수 있는 환경에 도달하게 될 것이다.

성공하는 사람들의 제1원칙

월급 관리를 하는 데 있어 가장 중요한 시작 지점은 바로 '목표 설정'이다. 사람은 누구나 고된 상황에서 쉽게 지치고 의지가 쉽게 꺾이며 약해진다. 그렇기 때문에 구체적인 목표를 설정해야만 지치지 않고 꾸준히 달려 나갈 수 있고 결국 자신의 삶을 스스로 바꿀 가능성이 생긴다.

그러니 이번에는 목표 설정의 중요성과 그 방법에 대해 설명하고자 하는데, 이를 WHY·HOW·WHAT의 중요성을 강조한 사이먼 사이넥의 '골든 서클' 이론을 통해 이야기해 보려 한다. 아래로 설명하게 될 WHY·HOW·WHAT의 강조하는 바가 무엇인지 정확히 이해하길 바란다.

골든 서클 이론

쉽게 말해, 'WHAT: 무엇을' 'WHY: 왜 해야 하는지' 알고 'HOW: 어떻게 실행'할 것인가를 말한다. 학생이라면 누구나 공부를(WHAT) 해야 한다는 사실을 알고 있다. 하지만 해야 한다는 것을 아는 것과 잘하고 못하고는 완전히 다르다. 누군가는 공부를 잘하고 누군가는 공부를 못한다. 공부를 어떻게(HOW) 하는지 아는 친구들은 당연히 어떻게 하는지 모르는 친구들보다 좋은 결과를 낼 수 밖에 없는 것이다. 그리고 마지막 공부를 왜(WHY) 하는지 아는 친구는 더 간절한 마음으로 누구보다도 열심히, 공부를 잘할 것이다.

고백하자면 나는 고등학교 때까지 공부를 지지리도 안 했다. 매일 야자를 빼고 축구 게임을 하러 친구들이랑 놀러 갔었는데, 나와 십년지기 친구였던 한 명은 아무리 놀러 가자고 해도 절대 가지 않았다. 야자를 한 번도 빼먹어 본 적이 없는 것이다. 그 친구는 부모님이 아프셨다. 경제적 여력도 별로 없는데 어머님이 암에 걸려 지금 당장 자신이 해결할 수 있는 게 없으니 나중에라도 이런 상황 다시 닥쳤을 때 본인이 스스로 해결할 수 있는 능력을 가진 사람이 되고자 했다. 그 친구는 의사가 목표였고 당연히 지금은 의사가 됐다.

나는 사람들이 신입 연봉 4,000만 원, 5,000만 원인 좋은 회사, 좋은 직급, 좋은 연봉을 부러워하며 목표를 설정하는 것을 많이 봐 왔다. 그게 나쁘다는 건 아니다. 하지만 정말 중요한 것은 표면적인 목표인 'WHAT'이 아니고 이 일을 왜 하는지, 내가 이걸 왜 하는지를 정확하게 아는 'WHY'다. 그런 사람만이 누구의 방해에도 굴하지 않고 꾸준하게 뻗어나갈 수 있는 큰 힘이 있고, 구체적인 목표를 설정할 수 있다.

골든 서클에서는 99%의 사람들이 당연하다는 듯 보고 있는 표면적 이유를 찾지 말고, 내 인생의 중심에 근접할 수 있는 근원적인 이유를 찾으라 말한다. 여러분도 이번 기회를 통해 여러분이 이루고자 하는 일의 근원적인 이유를 찾아보는 시간을 가졌으면 좋겠다.

하버드 학생들은 이렇게 성공한다

하버드에서 재학생들에게 졸업 이후 어떤 일을 할 것이냐는 설문 조사를 실시한 적이 있다. 설문에 참여한 사람들 중 3%만이 명확한 목표를 적었고 13%는 목표가 있지만 기록하지 않았고 나머지 84%는 목표가 없다고 답했다. 10년 후, 설문에 참여한 사람들을 다시 인터뷰 해보니 목표가 있던 사람들이 목표가 없던 사람들보다 수입이 2배가 많았고 목표를 구체적으로 적었던 3%의 사람들은 나머지 97%보다 10배의 수입을 벌었다.

왜 이런 결과가 나왔을까? 20대에게는 이건희도 워런 버핏도 빌 게이츠에게도 없는 '시간'이라는 자산이 있기 때문이다. 그 시간을 통해서 목표하는 바를 찍어 놓고 가다 보면 그 누구보다 안전하고 완만한 상승을 할 수 있다.

또 다른 관점의 목표 설정을 한번 살펴보자. 워런 버핏의 전용기를 운전하는 기장이 어느 날 버핏에게 물어봤다. 어떻게 인생을 살아야 할지 모르겠고 목표 설정을 어떻게 해야 할지도 모르겠다고. 그러자 워런 버핏이 기장에게 당신이 하고 싶은 것 스물다섯 가지를 적어 보라고 답했다. 기장은 생각나는 대로 답을 적었다. 워런 버핏은 다시 그중에서 가장 중요한 다섯 가지를 동그라미로 칠하라고 말했다.

이 이야기를 처음 듣던 나는 '나머지 스무 개는 후순위 목표가 되었구나'라고 생각했다. 하지만 아니었다. 워런 버핏은 기장에게 이렇게 말했다. 당신이 동그라미를 친 가장 중요한 다섯 가지를 이루기 위해서 절대 들여다보지 말아야 할 일들이 바로 남은 스무 가지라고 말이다.

처음 이 일화를 들었을 때 큰 충격을 받았다. 하지만 곧 버핏의 말을 납득했다. 인생은 유한 자원이다. 정말 이루고 싶은 다섯 가지만 열심히 길러낼 수 있게 관심과 노력을 쏟고 나머지 것들은 이것들이 완벽하게 되기 전까지는 거들떠보지도 말아야 한다.

이게 가능하기 위해서는 동그라미를 친 다섯 가지가 여러분의 '대체불가 목표'여야만 한다. 나 또한 2015년에 스물다섯 가지 목표를 적어 보았다. 그리고 그때의 스물다섯 가지 목표 중 80% 이상을 이루어냈다.

SMART한 성공법

그렇다면 목표는 어떻게 설정해야 할까? 성공하는 사람들은 목표 설정을 'SMART' 하게 한다.

Specific | 구체적이고 상세하게

Measureable | 수치화할 수 있는 명확한 기준을 가지고

Action-Oriented | 행동 지향적으로 계획을 수립하고

Realistic | 현실적으로 실현 가능하게

Time-Limited | 시기별 계획을 세워 중간 점검이 가능하게

당연하게도 우리가 가진 돈과 시간은 정말 중요한 자원이다. 그 자원을 활용해 내가 어느 시점까지 무엇을 만들 것인지 구체적으로 계획을 세워 보면 우리의 삶은 분명히 우리가 원하는 방향으로 나아가게 될 것이다.

마지막으로 몇 가지 목표 설정의 예시를 살펴보자. 나의 목표 예시 다섯 개는 이렇다.

· nn살까지 (5년 이내) 전세자금을 마련한다.

· 보증금 2억을 마련한다.

· 보증금 2억을 마련하는 방법에 대한 계획을 수립한다.

· 그때까지 내가 모을 수 있는 예상 저축 금액을 확인한다.

· 목표와 진행 상황을 분기 단위로 점검한다.

그렇다면 이에 대한 세부 실행 계획을 짜야 한다. 보증금 2억을 마련하는 방법에 대해 계획을 수립하는 것이다.

· 전세자금 2억 중 1억은 중소기업 청년 전세대출을 활용한다.

· 남은 1억을 3년간 모아야 한다.

· 1억/36개월=277만 원, 즉 월 277만 원이 필요하다.

· 월 277만 원은 우선 150만 원을 3분할해 적금에 넣고 나머지 100만 원은 기대수익률 5%의 펀드에 집어넣는다.

· 해당 시점 부족한 자금은 신용대출을 받는다.

이런 식으로 목표를 구체화하고 세부 실행계획을 짜다 보면 당신이 목표로 한 발자국 한 발자국 나아가는 게 느껴질 것이다.

알면 아낄 수 밖에 없는 소비 통제의 비밀

시야를 넓혀라

소비 통제의 이점이 아무리 많다고 해도 지출을 줄이지 않는 사람들의 공통점이 있다. 바로 그로 인해 얻는 이득이 정확히 얼마나 되는지 모른다는 것이다. 때문에 이번 챕터에서는 소비통제를 성공하면 얼마나 큰 효과가 나타나는지 보여주려고 한다. 또한, 현명한 소비에 대한 이야기도 해보려고 한다.

우리가 앞으로 나아가기 위해서는 나의 현재 위치와 상황들을 정확하게 알아야 한다. 만약 병이 나 몸이 아픈데 정확히 어디가 문제인 건지 모른다면 그 병은 영영 고칠 수 없을 것이다. 때문에 나 자신의 현 위치를 진단하는 과정이 필요하다. 이 과정을 통해 여러분이 의미 있는 지출을 할 수 있는 능력을 기를 수 있기를 바란다.

우선 나의 현 위치에 대한 이야기부터 시작해보자. 나의 현 위치를 알기 위해서는 여러 가지 시도를 해봐야만 한다. 처음부터 투자 대비 효과와 가성비를 지나치게 따지면 너무 한정적인 경험에만 갇힐 수 있다. 투자 자산만 보더라도 경험이 쌓인 사람은 어떤 투자 자산이 더 가치가 높아질지, 낮아질지를 알 수 있다. 따라서 우리에게는 여러 경험을 통해 나에게 적합한 것 혹은 내가 잘하는 것들을 찾아가는 시간이 필요하다. 그 경험을 이용하다 보면 자연스럽게 시야를 넓힐 수 있다.

예를 들면 이런 것이다. 많은 사람들이 코로나 이후 여행이 폭발적으로 늘어날 것이라고 예측했다. 하지만 여행 산업은 사람들이 기대했던 것보다 성장이 더뎠다. 왜일까? 여행 산업의 자본 규모가 애초에 크지 않았기 때문에 한계치가 명확했기 때문이다. 반면에 반도체 시장을 비교해보자면 반도체는 비대면 사회, 온라인으로 연결되는 사회에서는 꼭 필요할 수밖에 없고 코로나 시기와 상관 없이 사회가 바뀌면 바뀔수록 수요가 늘어날 수밖에 없기 때문에 장기적으로 계속 성장할 수밖에 없는 시장이라 여행 산업과 달리 그 한계치가 훨씬 더 열려있다고 볼 수 있다.

결국 사회를 바라보는 시선이 날카로워질수록 세상을 바라보는 시야는 넓어진다. 시선을 날카롭게 하기 위해서는 산업에 대한 가치 측정이 필요하고 가치 측정을 하기 위해서는 이른바 '삽질'이 필요하다.

7만 원의 기적

앞서 말한 '삽질'을 통해 투자 안목이 생겼다면 목돈을 모을 자제력이 필요하다. 그리고 자제력이 절실히 필요하다는 사람에게, 나는 이렇게 묻고 싶다.

'지금 잠깐 불편할래, 아니면 평생 불편하게 살래?'

돈에 대한 고민, 혹은 직업에 대한 고민, 배우자에 대한 고민, 더 나아가 쉽게 지나칠 수 없는 삶에 대한 고민은 결국 어느 시점에 이르러 밀도를 가지고 깊게 생각해야 한다. 배우자에 대한 고민을 결혼 전부터 열심히 했던 사람은 그 배우자와 백년해로 할 수 있는 거고 돈에 대한 고민을 사회초년생일 때부터 했던 사람들은 이후에 삶을 점점 안정적으로 만들 수 있는 것이다. 반대로 내가 배우자에 대한 고민 하나 없이 배우자를 만나거나, 혹은 돈의 고민을 하나도 안 하고 60, 70대를 맞이하게 되었다면 여러분은 아무것도 바꿀 수가 없다.

그렇다면 우리의 자제력은 얼마나 큰 가치를 가지고 있을까? 한 달 생활비 70만 원을 쓰는 사람이 있다고 가정해보자. 이 사람은 여기에서 10%에 해당하는 7만 원의 지출을 아끼기로 했다. 매달 7만 원을 아끼니 12개월이면 총 84만 원이 된다. 이 돈이 어느 정도의 가치인지 감이 잘 오지 않는다면 기회비용의 측면으로 바라보자.

1년 만기 연 2%의 이자를 주는 예금에 얼마를 넣어야 84만 원의 이자를 받을 수 있을까? 내가 금융 강의를 나가 사람들에게 이 질문을 던졌을 때 100만 원이라는 사람도 있었고 500만 원이라는 사람도 있었다. 심지어 몇 억을 넣어야 한다는 사람도 있었는데, 사실 정답은 5,000만 원이다.

내가 한 달에 7만 원 아끼는 사람이면 예금 통장에 5,000만 원을 넣은 사람과 동일한 효과를 낸다고 봐도 되는 것이다. 이제는 내 지출액의 가치가 조금은 실감이 되는가?

'금융 계산기'라는 앱을 이용하면 누구나 이런 계산이 가능하다. 연 이자, 내가 넣는 목돈의 거치 방식, 이자가 복리인지 단리인지 등 설정값을 넣으면 그 수치에 따른 비과세 이자 같은 것들이 전부 나온다. 이러한 앱을 이용해 얼마의 금액으로 얼마의 이자가 만들어지는지 들여다보면, 기회비용을 따져가며 합리적인 소비를 할 수 있게 된다. 이렇게 기회비용을 확인해보는 연습도 자본시장에서 월급 관리하는 데 있어 기초 체력을 기르는 방법 중 하나가 된다.

지출을 줄이기 위해 무작정 소비를 줄일 수만은 없기 때문에 이렇게 구체적인 정보를 파악하는 것은 꼭 필요한 과정이다. 내가 얼마나 돈을 아끼면 나에게 얼마나 이득이 되는지, 얼마나 이자를 받을 수 있는지 등을 파악하자. 다만, 내가 어떤 소비 패턴을 가지고 있는지, 어떤 소비 고질병이 있는지 알지 못한다면 이는 궁극적인 해답이 되지 못할 것이다.

당신의 소비 패턴에 빨간 불들을 켜라

소비 패턴 분석에 있어 가장 확실한 것은 귀찮을 정도로 많은 시간을 들여 꼼꼼히 살펴볼수록 그 과정이 모두 내 것이 된다는 점이다. 만약 그 과정이 부담스럽다면, 요즘에는 브로콜리, 뱅크샐러드 등 다양한 금융 앱들이 워낙 많이 나오기 때문에 여러분의 공동인증서를 앱에 연동한다면 지난 3개월, 1년의 모든 소비 내역을 손쉽게 정리할 수가 있다.

심지어는 소비 내역을 벤 다이어그램으로 만들어주는데, 이는 잘 정리된 자료들이긴 하지만 우리의 마음에 잘 와닿지는 않는다.

그렇기 때문에 나는 여러분이 직접 지출 기록을 정리하며 그동안에 쓴 소비 내역을 하나하나 정리해보았으면 한다.

신호등 구분법으로 소비 파악하기

예를 들어 한 달 수입이 250만 원인 사람이 있다고 해보자. 매달 월급이 들어오는 대로 어영부영 쓰다 보니 월급날 일주일 전이면 잔고가 바닥이 나 강제로 보릿고개 시기를 보내야 한다. 그럴 때 필요한 게 바로 정확한 소비 패턴 파악을 위해 한 달 간의 지출 내역을 꼼꼼히 정리해보는 것이다.

다음의 지출 내역에 따르면, 월급은 250만 원인데 한 달 간의 소비를 제하고 나면 남는 금액은 고작 20만 원도 채 되지 않는 걱정스러운 상황이다. 이 중에는 꼭 필요한 지출도 있지만 내가 마음만 먹으면 얼마든지 줄일 수 있는 소비도 있다. 이렇게 소비 내역을 하나하나 체크해 보며 내가 무책임하게 쓴 불필요한 소비가 얼마나 되는지 파악하고 조금씩 줄여나가는 연습을 해보자.

한 달 소비 패턴 예시

분류	금액	결제 방법	비율	비고	분석
주거	₩ 200,000	체크	9%	대출 이자 10만 원/ 관리비 10만 원	필수 소비
의복	₩ 100,000	체크	4%		필수 소비
의료	₩ 50,000	체크	2%	한의원 물리치료	필수 소비
식사	₩ 200,000	체크	9%		필수 소비
교통비	₩ 80,000	신용	3%	출퇴근 버스	필수 소비
술/유흥	₩ 250,000	체크	11%		불필요 소비
카페/ 간식	₩ 100,000	신용	4%		불필요 소비
통신	₩ 100,000	신용	4%		필수 소비
미용	₩ 35,000	신용	2%		필수 소비
운동	₩ 220,000	신용	9%		좋은 소비
보험	₩ 120,000	체크	5%		필수 소비
취미	₩ 800,000	체크	34%		좋은 소비
도서구매	₩ 20,000	체크	1%	신문 구독	좋은 소비
택시	₩ 50,000	신용	2%	지각으로 인해 택시 탐	불필요 소비
기타	-	-	-	-	-
합계	₩ 2,325,000				

그리고 꼭 필요한 소비와 불필요한 소비 내역을 구분할 때 이왕이면 '신호등 구분법'으로 해보는 걸 추천한다. 나의 소비를 초록색·주황색·빨간색으로 구분해 보는 거다.

초록색은 소위 '좋은 소비'라고 보면 된다. 내 미래를 위한 성장혹은 나의 상황을 개선하는 데에 필요한 생산적인 소비를 말한다. 주황색은 의식주, 즉 내가 먹고사는 데에 필수적으로 쓸 수밖에 없는 소비를 말한다. 그리고 세 번째, 빨간색 소비는 스트레스에 기인해서 정말 내가 급진적으로 필요 없는 곳에 쓴 소비들 의미한다. 신호등 구분법으로 소비 내역을 정리했을 때 지출이 크고 작고를 떠나 좋은 소비가 거의 없고 나쁜 소비의 비율이 많은 것이 문제이다. 이렇게 각각 구분한다면 조금 더 디테일하게 소비 패턴을 개선할수 있다.

이 방법으로 위의 기록을 다시 정리하면 결과는 이렇다

신호등	금액	비율
초록(좋은)	₩ 1,040,000	45%
주황(필수)	₩ 885,000	38%
빨강(불필요)	₩ 400,000	17%

이 방법으로 지난 3개월 정도의 소비를 정리해본다면, 뭔가 느껴지는 것이 있을 것이다.

하나, 술·유흥에 사용된 금액이 생각보다 많다. 주 2회였던 술자리는 주 1회로 줄이자.

둘, 택시비는 정말 불필요한 지출이다. 평소 출근 시간보다 20분 먼저 나가서 택시 타는 일은 절대 없게 하자.

셋, 통신비가 은근히 비싸다. 약정이 다 끝나면 알뜰폰으로 변경하자.

혹시 분류가 어렵다면 한 가지 예시를 들어보겠다. 만약 내가 옷 쇼핑을 했다면 이 소비는 어디로 분류를 해야 할까? 의식주는 생활을 하는 데에 필수적인 요소이니 그 옷이 꼭 필요해서 샀다면 주황색으로 분류를 할 수 있을 것이다. 하지만 스트레스 때문에 '지른다'는 마음가짐으로 충동 구매를 했다면 이는 빨간색으로 분류를 해야 할 것이다. 만약 내가 패션 업계에서 일을 하고 이 옷이 나에게 일종의 영감을 줘서 구매를 했다면 이는 초록색으로 분류를 해야 될 것이다.

이런 식으로 먼저 분류를 한 뒤 자신을 돌아보자. 내가 유흥에 이렇게 많은 돈을 썼다고? 내가 이런 불필요한 소비를 했다고? 라는 말이 자연스럽게 나올 것이다. 하지만 괜찮다. 이제 나 자신을 알았으니, 개선할 일만 남았다.

왜 돈 쓰기는 쉽고
모으기는 어려울까?

앞서 우리는 자기 자신의 소비 패턴을 분석하고 파악하는 시간을 가졌다. 아마 대부분은 불필요한 소비가 지나치게 많다는 것에 동의할 것이다. 그렇다면 왜 소비는 쉽고 통제는 어려운 것일까?

소비에 중독되다

지출통제가 힘든 첫 번째 이유로는 기술적 요인을 들 수 있다.

최신 기술은 우리의 소비를 그 어느 때보다 편하게 만들어주고 있다. 결제만 한다면 아침, 저녁, 새벽 상관없이 무엇이든 배달이 오고, 터치 한 번만으로도 주문이 접수된다. 게다가 SNS 앱을 둘러보기만 해도 내 관심사에 딱 맞춰진 수많은 광고가 떠 소비 욕구를 자극한다.

두 번째는 바로 문화적 요인이다. 단군 이후 문화와 트렌드는 계속해서 바뀌어 왔고, 그 유행이 바뀌는 속도도 점점 더 빨라지고 있다. 우리나라는 유독 다른 사람들의 시선을 신경 쓰는 경향이 강한데, 그래서 그런지 트렌드가 바뀔 때마다 무리해서 유행을 따라가려는 사람들이 많다.

90년대생이라면 누구나 중고등학교 때의 노스페이스 열풍을 기억할 것이다. 그때는 노스페이스 패딩을 입고 있지 않으면 출석을 안 한 것과 다름이 없었다. 최근에는 20대의 명품 소비가 크게 올랐는데, 3개월 동안 삼각김밥만으로 식사를 해결해서라도 돈을 마련해 명품 브랜드의 옷을 구매하는 경우도 부지기수라고 한다.

이런 현상은 앞으로도 계속될 것이다. 왜냐하면 트렌드를 따라간다는 것은 주변 친구들과 안전하게 어울릴 수 있는 사회적 표식이 되었기 때문이다.

흔히 말하는 '욜로(YOLO)'는 사실 '탕진'과 다르다. 우리는 보통 YOLO를 자신의 소비를 포장할 때 사용하곤 하는데 미국에서 쓰이던 원래 YOLO의 의미는 'You Only Live Once', 당신의 인생은 오직 한 번뿐이라는 뜻이다. 오직 한 번뿐인 인생이니 스스로의 행복을 위해 살아야 한다는 YOLO의 슬로건은 현재의 행복을 위해 내 시간과 젊음, 돈을 탕진하며 소비하라는 마케팅 수단으로 무분별하게 사용되며 의미가 퇴색되었다.

결국 우리가 쓰는 'YOLO'라는 말은 '오늘만 산다'와 다름없게 되었다. 그 말대로라면 오늘 YOLO로 살았으니 내일이 없어야 하는데, 문제는 우리에겐 텅 빈 잔고를 걱정해야 하는 '내일'이 매일매일 찾아온다는 것이다.

소비는 쉽고 통제는 어려운 마지막 이유는 바로 사회적 요인 때문이다. 사회에서 경제활동을 하는 사람이라면 누구나 스트레스를 받을 수밖에 없고 이를 경제적 활동으로 해소하려고 한다. 이를 '스트레스 비용'이라고 하겠다. 스트레스 비용은 다양한 이유로 발생할 수 있는데, 예를 들면 직장에서 스트레스를 받고 홧김에 치킨을 시키면 그건 사회적 요인에 의한 스트레스 비용이라고 할 수 있을 것이다. 절제의 중요성을 아는 나조차도 스트레스 비용을 치를 때

가 많은데, 금전 감각이 부족하거나 내 자산에 대한 별다른 목적이
없는 사람들은 더할 것이라고 생각한다.

후회 없는 소비를 위해

이렇듯 우리가 무분별한 소비를 이어가게 만드는 문화적 요인,
기술적 요인, 사회적 요인으로 우리는 대책 없는 소비에 노출될 수
밖에 없는 환경이다. 하지만 한 가지 사실을 생각해보았으면 좋겠
다. 소비와 저축은 한끗 차이라는 것을.

저축과 소비가 한끗 차이라는 것은 무슨 말일까? 간단하다. 소비
는 오늘 쓰는 거고 저축은 내일 쓰는 것이다. 단, 오늘 쓸 돈을 내일
쓰게 되면 자신의 목표에 근접한 소비를 할 가능성이 매우 높아진
다. 그런데 내가 스트레스를 받아서 쓰는 소비는 당장 오늘 밤에 출
출해서 먹는 라면처럼 내일 아침에 일어나고 나면 후회를 할 수밖
에 없는 소비일 가능성이 높다는 것이다.

이런 일을 줄이기 위해서는 내 미래의 목표를 이루기 위한 소비
를 하겠다는 강박보다는 '내가 진정으로 원하고 하고 싶은 게 무엇

일까' 하고 고민해보는 환기가 필요하다.

불필요한 소비 욕구를 억제하자

그렇다면 지출통제를 하는 비법에는 무엇이 있을까. 바로, 필요와 욕구를 구분하는 것이다. 만약 내가 본업으로 서울에서 직장을 다니면서 사이드잡으로 강사 일을 하고 있다고 가정을 해보자. 이 경우, 나에게 보다 중요한 업은 회사 생활이다. 그렇기 때문에 나에게는 자동차가 굳이 필요하지 않다. 웬만하면 대중교통을 타고 출퇴근을 할 수 있고 간혹 생기는 강의 일정에도 자차보다는 대중교통을 이용하는 편이 합리적이기 때문에 차를 살 돈을 아껴 그만큼 기회비용을 늘릴 수 있을 것이다.

하지만 상황이 바뀐다면 이야기가 달라진다. 내가 만약 올해까지만 직장 생활을 하고 내년부터 전업 강사로 활동할 계획을 세운다면 나에게는 무조건 차가 필요하다. 전국 어디에서 언제 어떤 식으로 강의를 하게 될지 모르기 때문이다. 그때부터는 기동성이 내 자산을 불려주는 수단이 된다. 이 경우 자동차 구입은 '욕구'에서

'필요'로 바뀌게 된다.

이렇듯, 소비는 무조건 욕구로 인해 행해지는 게 아니다. 필요에 따라, 상황에 따라 내 자산을 업그레이드해 줄 수 있는 수단인 것이다. 욕구와 필요의 차이를 아는 것은 지출 통제의 첫걸음이 된다.

또 한 가지 방법으로는 스스로의 자존감을 높여주는 것이다. 사실 금융과 경제는 그 어떤 학문보다 자기 계발에 맞닿아 있다. 내가 스트레스로 인해 불필요한 소비를 하지 않으려면 내면의 평화를 유지하는 것이 필요하다.

나를 예로 들어보면 나는 금융 강의를 할 때 나를 바라보는 사람들이 흥미로워하며 집중하는 표정을 지어줄 때 가장 자존감이 높아진다. 또한 나는 나에 대한 이야기를 하는 것을 좋아한다. 특히나 친한 친구들한테는 내가 잘하고 있으며 내 자리에서 열심히 노력하고 있다는 이야기를 많이 한다. 그리고 내가 고민하고 걱정했던 일이 잘 풀렸을 때 사람들이 그에 대해서 환호해주거나 다행이라고 생각해 주었을 때 기뻐진다.

어찌 보면 소소하고 당연한 일들이지만, 나는 나를 기분 좋게 하는 상황들을 구체적으로 적어놔서 내 집 책상 앞에 붙여 두었다.

일단 어디에든 포스트잇을 붙여 놓으면 무의식적으로 계속 시선이 가기 나름이다. 책상에 앉아 있다가, 물을 마시다가, 출근하다가 그렇게 내 무의식이 나를 기쁘게 만들어주는 상황과 사람들을 계속 리마인드해 줌으로서, 내가 스트레스로 인해 무너질 수도 있는 상황에서 심리적인 면역 체계가 작동하게 되는 것이다. 그러니 여러분들도 자신이 언제 기분이 좋은지, 어디에서 만족을 느끼는지 구체적인 상황을 정리해서 이곳저곳에 꼭 붙여놨으면 한다. 생각지도 못한 순간에 여러분의 마음을 구제해줄 동앗줄이 되어 줄지도 모른다.

지금까지는 소비 욕구를 통제하는 방법에 대해 심리적인 면에서 접근했다면 이번엔 조금 더 현실적인 방안을 소개해보겠다. 바로 내 소비 패턴을 구체화하는 것이다.

앞서 매달 7만 원을 아끼면 1년에 총 84만 원을 아낄 수 있고 84만 원은 1년 만기 예금 기준으로 5,000만 원을 가지고 있는 것과 다름없다는 이야기를 한 적이 있다. 이 이야기를 곱씹으며 스스로의 소비 패턴 분석해보고, 얼마나 내가 돈을 아낄 수 있는지 그리고 그 돈은 어디서 아낄 것인지를 구체적으로 적어보는 과정이 필요하다.

아직 감이 오지 않는다면 잠시 소비활동을 단적으로 멈춰보는 것을 추천한다. 출근길에 사 마시는 한 잔의 커피는 탕비실 커피로 대체하고, 1만 원을 쉽게 넘기는 점심 식사는 냉장고를 탈탈 털어 도시락으로 해결하고, 터치 한 번으로 몇 만 원씩 써버리는 배달 앱도 삭제해 보는 거다.

별다른 제어 없이 지낼 때 일주일 간 지출하는 비용과 소비활동을 최대한 절제하며 지낸 일주일의 지출 비용은 얼마나 차이가 날지, 꼭 눈으로 확인하고 피부로 느껴보길 바란다.

관성을 지배하라

부의 추월차선에 올라타고 싶다면 지출에 대한 관성을 0으로 되돌려야 한다. 내가 한 방향으로 빠른 속도로 움직이고 있다면 갑작스레 방향을 트는 것은 속도에 비례해 그만큼 더 힘들어진다. 하지만 나의 속도가 0이 된다면 방향을 살짝 트는 게 아니라 아에 뒤로 돌아 새로운 길을 찾아가는 것도 그렇게 큰 힘이 들지 않는다.

지출 관성을 0으로 되돌리는 데에는 3가지 방법이 있다. 첫 번째는 우리의 평균 지출 3개월을 분석한 뒤 평균 소비를 기존 소비의 80% 수준으로 줄이는 것이다. 행동경제학에 따르면 의도적으로 지출 제어 수련을 하는 경우 소비 감량이 15%에서 20%까지는 어렵지 않게 조정이 가능하다고 한다.

두 번째는 한 달이면 한 달, 세 달이면 세 달 이렇게 기간을 정해 두고 내 체질을 개선하기 위해 하루에 딱 1만 원만 쓰는 미션을 수행하는 것이다. 주 4일 정도를 달성해보면 어느 순간 소비에 대한 거품이 많이 걷히게 된다.

마지막 세 번째는 상급자 코스인데, 바로 삶의 모든 걸 지출 통제에 맞춰 무지출에 도전하는 것이다. 일주일 중 3일은 집에서 준비한 도시락으로 식사를 해결하고, 대중교통을 제외한 모든 비용을 쓰지 않겠다는 각오로 살아가야 한다. 실제로 이것들을 두 달, 세 달 동안 했던 사람들은 이후에 초급자 코스에서 목표했던 대로 소비가 20% 이상씩 줄어들 수밖에 없게 된다.

이렇게 모인 돈들은 우리의 경제적 자유를 이룩하는데 큰 자양분이 된다. 그리고 이 자산을 뱅크샐러드 등 앱의 도움을 받거나 혹은 다이어리나 엑셀에 지속적으로 정리해나가며 소비 관점을 바꿔

나가보길 바란다. 꾸준히 노력한 스스로에게 아낌없이 칭찬을 해 주고 삶의 방식에 변화와 동력을 주다 보면 목표 의식이 있는 건강한 삶을 얻게 될 것이다.

소비 루틴만 바꿔도
돈이 넝쿨째 들어온다고?

여기까지는 내 소비 패턴을 분석하고 어떻게 줄여야 하는지에 대해 알아 보고 불필요한 지출을 줄였을 때 그 금액이 가지는 기회 비용이 얼마나 큰지 확인해 보았다. 이번 장에서는 이왕 쓰는 소비를 조금 더 스마트하게 할 수 있는 방법을 알아보고자 한다.

돈을 소비하는 루틴만 바꿔도 쉽게 아낄 수 있는 돈들이 넝쿨째 굴러오기 때문에 꼭 여러분의 실제 소비생활에 많이 적용해 보았으면 좋겠다.

소비할 때 가져야 할 세 가지 관점

소비를 최대한 줄여보고자 노력하지만 그럼에도 꼭 해야 하는 소비가 있다면 이 세 가지 관점을 고려해보자. 이 세 가지를 알고 있다면 보다 실보다 이득이 많은 소비를 할 수 있다.

첫 번째는 세금환급에 따라 소비를 하는 것이다. 체크카드, 신용카드이냐에 따라서 연말정산 시에 돌려주는 소득공제율이 다르다는 사실을 알고 있는가? 정부 정책이나 코로나 같은 긴박한 시기에 따라서 이 소득공제율이 달라지기는 하지만, 기본적으로는 신용카드보다 체크카드가 30%를 더 공제해 준다고 보면 될 것 같다.

두 번째는 소비 패턴에 따라 소비를 하는 것이다. 소비를 할 때 염두에 두어야 할 것들 중 하나가 바로 '무엇'을 소비하느냐. 어떤 것을 소비하느냐에 따라 다양한 혜택을 제공하는 카드들이 있다. 예를 들면 신용카드에서도 본인들의 매출을 증진하기 위해서 특정 항목에 대해서는 더 많은 혜택을 주고 있다.

마지막 세 번째는 바로 '소비하는 방법'에 대한 이야기이다. 그러면 이제 이 세 가지 소비 관점들에 대해 하나씩 살펴보도록 하자.

모르면 억울한 소득공제

우선 세금 환급에 따라 소비하는 방식부터 살펴보자. 앞에서 설명을 했지만, 우리가 소득이 있다고 하면 그 소득의 25%를 넘어간 소비에 대해서는 연말공제에서 소득공제를 받게 된다. 연말정산과 소득공제라는 개념은 마지막 장에서 조금 더 구체적으로 정리해 설명할 예정이라, 우선 가벼운 이론들만 알고 넘어가도록 하자.

예를 들어 내가 월급을 매달 400만 원 받는다고 가정해보자. 그러면 그 금액의 일부를 돌려받을 수 있는데, 그 세금을 돌려받을 수 있는 효율이 신용카드보다 체크카드가 조금 더 높다는 것이다.

이 말을 듣고 이렇게 생각하는 사람들도 있을 것이다. '그냥 비용을 지불할 때 카드사 혜택이 더 큰 신용카드를 쓰면 되지 않나?' 이는 이론적으로는 맞는 말이다. 하지만 실제 행동 관점에서 봤을 때 신용카드는 내가 소비를 하고 있다는 것에 대한 인지가 흐려지는 순간이 있다. 그러다 보면 소비하는 크기가 점점 늘어날 수 있다. 특히 사회초년생들은 경제 관념을 쌓는 게 중요한데, 신용카드를 쓰게 되면 그런 개념을 쌓는 게 어려워진다.

그런 이유 때문에 나는 신용카드 사용을 추천하지 않는다. 내가 정말 AI 기계처럼 정밀하고 기계적으로 행동할 수 있다면 소득의 25%까지는 신용카드를, 나머지는 체크카드를 사용하라고 권할 것이다. 하지만 그게 불가능하다면 차라리 신용카드로 써야 할 것과 체크카드로 써야 할 것의 구분을 해놓고 소비하는 것을 권하고 싶다.

예외적으로 전통시장이라든지 대중교통, 제로페이처럼 정부가 장려하는 소비처에 대해서는 체크카드든 신용카드든 상관없이 소득세율이 40%까지 높다는 부분을 알고 있으면 더 좋을 것 같다.

내 라이프스타일에 맞는 카드는?

그다음은 소비 패턴에 따라 소비를 하는 것이다. 신용카드를 사용하면서 자신의 라이프스타일에 따른 혜택을 찾는 것도 똑똑한 소비를 하는 방법이라고 볼 수 있다. 카드고릴라나 뱅크샐러드, 토스 등의 금융 어플에 내 공동인증서를 등록해두면 내 소비를 한 눈에 파악할 수 있는데, 소비 패턴에 따라 해당 핀테크 회사들이 내 소비 패턴과 라이프스타일에 가장 부합하는 혜택을 가진 신용카드를 추천해 준다.

이 경우, 금융 앱에서 추천해 주는 카드가 다른 타사 플랫폼 혹은 다른 콘텐츠를 통해서도 재추천이 이루어지고 있는지 더블 체크해 보는 걸 추천한다. 금융사들도 결국 이윤을 목적으로 하는 회사다. 상품의 혜택이 동등하다고 할 경우, 결국 광고비를 준 쪽을 우선해서 노출을 해줄 수밖에 없다. 따라서 두 군데 정도 더블 체크를 한다면 합리적으로 나의 소비 패턴에 가장 맞는 카드를 추천받을 수 있다.

나 같은 경우는 모든 핀테크 스타트업에서 추천해 주는 카드 큐레이션 툴을 써보고 내가 직접 카드사 홈페이지에 들어가서 혜택을 비교해 봤다. 그때 당시에 나는 직장인이었기 때문에 출퇴근을 위해 대중교통을 탔고, 여가 시간에는 영화관에 가 영화를 보고, 편의점을 자주 이용했다. 이런 지출 내역들의 공통분모를 찾아 내가 주로 돈을 소비하는 분야에 혜택이 많은 카드를 선택했다. 여러분들도 신용카드를 새로 개통하게 된다면 꼼꼼한 분석을 통해 자신에게 맞는 카드를 찾아보면 좋을 것 같다.

진짜들의 노하우

사실 앞선 두 가지는 금융에 관심이 있는 사람들이라면 이미 잘 알고 활용해본 방법이라고 생각한다. 하지만 마지막은 정말 발품을 많이 팔아본 사람들만 아는 노하우다. 바로 소비 방법을 바꾸는 것이다.

우선 온라인 소비에 대해 이야기를 하겠다. 이왕 소비할 거면 오프라인보다는 온라인이 좋다. 왜냐하면 파는 사람 입장에서 인건비가 적게 들고 임대료가 없는 데다가 유통 마진이 적기 때문에 더 합리적인 가격으로 상품을 내놓을 수 있기 때문이다. 아마 여기까지의 설명을 듣고 여러분 머릿속에 이런 생각이 떠올랐을지도 모르겠다. '온라인으로 어떻게 소비를 해야 하는데? 나는 이미 온라인으로도 많은 소비를 하고 있어!' 하지만 현명한 소비자라면 그 이상을 알고 있어야 한다.

온라인 소비에는 네 가지 하위 방법이 있다. '검색' '역견적' '리퍼브' '리셀'이 그것이다. 이들 중 가장 쉬운 방법인 검색부터 살펴보겠다. 만약 내가 나이키 신발을 사기로 결심했다고 가정해 보자. 인터넷 검색창에 나이키 신발을 검색하니 다양한 상품들이 나온다. 오프라인에서는 각 매장에 들려야 하기 때문에 비교가 쉽지 않지만, 온라인에서는 모델명만 검색해도 다양한 판매처가 나오고 이에 따라 꼼꼼히 비교하며 합리적인 비용으로 원하는 상품을 구매할 수 있다.

여기에서 더 욕심이 난다면 아마존, 알리바바 등 해외 사이트를 찾아보자. 중국 같은 경우는 워낙 공산품이 저렴하다 보니 외국어 능력까지 된다면 검색 범위가 훨씬 넓어진다. 심지어 요새는 스마트폰만 있으면 자동 번역도 가능하니 해외 직구가 처음인 사람도 어렵지 않게 원하는 물건을 찾아 저렴한 가격에 구매할 수 있다.

두 번째는 역견적이다. 가격 비교 플랫폼을 통해서 내가 원하는 상품의 조건을 삽입하여 넣고 여러 업체의 견적을 역으로 받아보는 것이다. 예를 들어 내가 이사를 가고자 한다면 짐이 얼마나 있는지, 무게가 얼마나 나가는지, 크기는 얼마나 큰지에 대해 이사 전문 플랫폼에 조건값을 넣으면 여러 업체가 나에게 가격과 서비스 제안을 한다. '이 정도면 이 가격에 해줄게, 이렇게 맞춰줄게.' 그러면 우리는 힘겹게 발품을 팔 필요도 없이 업체들이 건넨 선택지를 살펴보고 가장 합리적인 선택을 하면 되는 것이다.

세 번째는 리퍼브인데, 약간의 하자가 있는 B급 상품들을 새 상품보다 저렴하게 파는 것을 뜻한다. 제값에 팔지 못하다 보니까 리퍼브 몰, 리퍼브 매장에서 할인될 수 있는 물건을 살 수 있다. 약간의 하자가 있다고는 하지만 사용에는 문제가 없기 때문에 합리적 소비를 원하는 소비자라면 눈여겨 볼만한 시장이다.

마지막으로 소개할 합리적인 온라인 소비 방법은 리셀이다. 일반적으로 리셀은 한정판 제품 등 희소성이 있는 상품을 구매해 더 높은 가격으로 되팔아 시세 차익을 보는 새로운 재테크 방식을 말하기도 하지만, 여기에서 말하는 리셀이란 말 그대로 '중고 거래'를 의미한다. 우리가 쉽게 접할 수 있고, 아마도 이미 거래 경험이 있는 사람들도 많을 텐데 바로, 당근마켓이나 번개장터, 중고나라 같은 플랫폼을 이용해 중고품을 합리적인 가격으로 구매하는 것이다. 중고품이기 때문에 제품의 상태에 따라 가격이 천차만별로 차이 날 수 있다. 단순히 '누구의 손도 타지 않은 새 상품'이 갖고 싶다는 마음만 버린다면, 여느 상점에 진열된 상품의 부담스러운 가격표보다 훨씬 저렴한 가격에 만족스러운 상품을 구할 수 있다.

여기에서 더 아낄 수 있을까?

위에서 설명한 것 외에도 우리는 수많은 소비를 절약하며 살 수 있다. 식비나 물건 구매 등 쇼핑이 아니더라도 매일 사용하는 교통비조차 방법만 알면 얼마든지 아낄 수 있다. 지하철 정기권을 구매해 다달이 나가는 몇 만원의 교통비를 조금이라도 줄일 수 있고, 만약 KTX로 장거리 출퇴근을 하는 청년층 직장인이라면 시간에 따라 40%까지 할인을 해주는 '힘내라 청춘' 할인 제도를 이용하는 방법 등이 있다. 혹시라도 비행기를 이용할 일이 많다면 수요와 공급을 파악하는 것이 중요하다. 나는 집이 부산인데 원래 비행기 비용이 부산까지 7, 8만 원이었지만 코로나 시기에는 비즈니스 미팅 수요가 줄어서 2, 3만 원이면 비행기를 탈 수 있었다. 지금은 코로나 시기가 끝났고, 비행기 수요가 늘어나서 가격이 다시 높아졌지만, 이렇듯 수요와 공급에 맞춰서 비행기 값도 변동된다는 것도 인지하고 있으면 좋을 것 같다.

그 외의 자잘한 소비는 아까 이야기했던 '리퍼브'를 이용하는 게 좋다. 몇 가지 사이트를 추천하자면 '이유몰'이나 '떨이몰' 같은 곳에서 상품 원래 가격의 거의 10분의 1로 물건을 구할 수 있다. 타인에게 선물을 줄 게 아니라 본인이 쓸 거라면 생필품은 이런 곳을 꼭 이용하도록 하자.

그 밖에도 '기프티스타'라는 곳도 소개하고 싶은데, 이곳은 기프티콘 중개 플랫폼이다. 내가 받은 기프티콘을 오랜 기간 쓰지 않고 방치한다면 차라리 여기에서 되파는 것도 방법이다. 물론 사는 것도 가능하다. 커피를 좋아해 카페에 자주 가는 사람의 경우에는 이곳을 통해 할인된 가격으로 기프티콘을 사면 보다 알뜰한 소비를 할 수 있다. 또한 Payback 사이트를 경유해서 할인을 받는 방법도 추천하고 싶은데, 이 사이트를 통해 상품을 구매하면 해외 명품 사이트뿐만 아니라 국내의 옥션, 티몬 등의 사이트에서 쇼핑을 할 때에도 구매 가격의 일부를 적립받을 수 있다.

그 외에 앞서 말씀드렸던 중고 플랫폼을 이용하는 것이나, 역견적 플랫폼인 '짐싸^{이사}' '집닥^{인테리어}' '숨고' 등을 이용하는 것도 좋다.

혹자는 이런 방식이 너무 '찌질하다'고 할 수도 있겠다. 그런 사람들에게 나는 말하고 싶다. 정말 건전하고 이상적으로 부자가 된 사람들도 보통의 사람들처럼 요플레 껍데기를 핥아먹고 원 플러스

원 아이스크림을 사 먹는다고 말이다. 정말 제대로 된 부자는 허세가 필요 없다.

청년들이 사회생활을 시작하는 시기에 소비하는 방법을 조금 더 타이트하게, 그리고 합리적으로 경험해보았으면 하는 게 나의 바람이다. 우리가 '지금 잠깐 찌질하게 살 건지, 평생 찌질하게 살 건지'는 우리의 행동에 따라 결정된다.

또한, 이건 재테크 밖의 이야기라고 생각할지 모르겠지만 목표 의식과 자아 발견이 분명히 있어야 한다는 말도 꼭 하고 싶다. 그래야만 내가 지금 조금 더 발품을 팔거나 아껴야 한다는 가치 판단 능력이 생길 것이다. 재테크적 관점과 이를 실행하는 의지가 만나서 우리를 분명 전보다 더 낫게 만들어 줄 것이다.

신용카드 VS 체크카드
어느 걸 사용하는 게 더 유리할까?

신용카드와 체크카드 중 어느 것으로 소비하는 게 더 유리할까? 절대적인 답은 없고 상황에 따라 다른데, 그건 바로 카드 사용량에 따라 연말정산 시 우리가 납부하게 될 세금이 달라지기 때문이다.

연말정산에 대해서는 이 책의 마지막 부분에서 다시 한번 자세하게 설명하겠지만 우선 간단히 짚고 넘어가 보려 한다.

소득공제 혜택

소득공제란 과세 대상이 되는 소득액을 결정하는 과정에서 그 해의 총 근로소득금액 중 법으로 정해진 금액을 제외하는 것을 말한다. 소득공제를 많이 받을수록 우리가 낼 세금이 적어지는 것이다.

신용카드 등을 통해 총급여의 25%를 초과하는 사용분(연간 총급여가 1,500만 원 미만일 경우 20% 초과 사용분)부터 공제가 가능한데, 그 초과분에 대한 공제율은 신용카드가 15%, 그 외 체크카드나 현금은 30%의 공제율을 가진다.

그러니 연 소득의 25%까지는 신용카드로 사용한 후 연 소득의 25% 초과분부터는 공제율이 30%로 신용카드보다 높은 체크카드나 현금을 사용한다면 소득공제의 효율을 높일 수 있다.

신용자드 등 사용금액 소득공제율

결제수단 및 사용처별	공제율
신용카드	15%
직불·선불카드, 현금영수증	30%
도서·신문·공연·박물관·미술관	30%
전통시장·대중교통	40%

만약 연 소득이 3,000만 원인 사람의 연간 카드 사용량이 1,000만 원이라면 이 사람에게 적정한 신용카드와 체크카드 사용 비율은 어떻게 될까?

우선 연 소득의 25%인 750만 원까지는 신용카드를 사용하고 그 이상의 지출은 30%의 공제율을 가진 체크카드를 사용하는 게 연말정산 시 유리하게 작용하게 된다.

만일 연 소득이 4,000만 원인 사람의 신용카드나 체크카드 등으로 인한 사용분이 1,000만 원 이하라면 소득공제가 발생하는 연 소득의 25% 초과 사용분이 없으니 어떤 카드를 써도 소득공제가 불가능해 큰 상관이 없지만 기왕이면 카드사의 혜택이 있는 신용카드를 사용하는 편이 낫다.

소득공제에도 한도가 있다

하지만 신용카드나 체크카드 사용으로 발생하는 소득공제에도 한도가 있기 때문에 연 소득의 25%를 초과한 모든 금액을 공제받을 수는 없다.

연 소득	소득공제 한도
7,000만 원 이하	300만 원 혹은 총급여액의 20% 중 적은 금액
7,000만 원 초과 1억 2,000만 원 이하	250만 원
1억 2,000만 원 초과	200만 원

예를 들어, 연 소득이 3,000만 원이면서 카드 사용량이 1500만 원이라면 소득의 25%인 630만 원을 초과한 사용분 870만 원 중 체크카드 사용을 통한 소득공제는 300만 원까지만 가능하다. 다만 연 소득 기준에 따른 한도 외에도 도서·공연 등에 대한 사용분이나 전통시장·대중교통 이용분 등에 대한 추가 한도가 있으니 자세한 사항은 국세청 홈페이지의 연말정산 안내 자료를 참고해보길 바란다.

2장

저축
얼마나 할지
딱 정해드립니다!

내 연봉이면 저축은 얼마나 해야 할까?

당신에겐 선택의 여지가 없다

당신은 수입의 몇 퍼센트를 저축하는가? 혹시 10% 내외라면 하루 벌어 하루 사는 당신의 인생에 멋진 박수와 채찍을 보낸다. 사실 박수는 농담이고 채찍질이 시급한 수치다. 20% 내외인 분에게는 감사를 표하고 싶다. 당신의 탕진 덕분에 내수경제가 활발히 움직이고 있으니 말이다. 30%나 40% 내외라면 아직은 조금 더 노력이 필요하다.

그리고 마침내 저축률이 50% 정도가 되면 이상적인 저축률이라고 볼 수 있다. 50%를 저축하는 당신에게는 적절한 가이드만 필요할 뿐이다. 가이드에 따라 당신 삶의 주도권이 뒤바뀔 수 있기 때문이다.

우리가 살아가는 데 있어서 내가 원하는 것들을 선택할지 말지 기로에 서 있는 일들이 너무 많다. 여기에서 중요한 것은 '선택할지 말지 기로에 서 있다'는 것이다. 그렇다, 50% 이상 저축을 하게 되면 삶에 선택권이 생긴다. 자본이 모든 것을 해 주지는 않지만 내가 원해서 하는 것과 할 수밖에 없어서 하는 것은 상황이 너무 다르지 않은가.

나는 이 경계선이 저축률 50%라고 생각한다. 저축률이 60%가 되면 인생의 목표를 이룰 가능성이 높아질 것이고, 70~80% 이상 저축을 한다면 자신의 인생을 스스로 개척 가능하다. 90% 이상이라면 이 강의를 들을 필요가 없다. 90%를 저축하고 있다면 어떤 방법으로 재테크를 하고 있고 어떤 식으로 살아가고 있어도 이미 가고자 하는 삶의 방향성을 향해 가고 있을 가능성이 매우 높기 때문이다.

미래의 나를 위해

그렇다면 사람들이 저축하는 이유는 무엇일까? 그건 우리가 살면서 반드시 써야 할 돈을 미리 준비하기 위해서다. 저축을 하면 써야 하는 돈을 미리 준비해서 이왕이면 그 돈이 필요한 시점에 이자 비용을 덜 내고 사용할 수 있다. 대출받는 것은 돈의 조달 비용을 내는 것이다. 반대로 예금·적금은 우리의 돈을 빌려주는 것이기 때문에 그 비용을 우리가 받는 개념이다. 여기서 말하는 비용이 바로 '이자'다.

돈의 조달 비용 관점에서, 내가 그 돈이 필요할 때 남들에게 이자를 내고 내게 없는 돈을 조달받을 필요가 없도록 만들어주는 것이 바로 저축이다. 그래서 이왕이면 꼭 써야 할 돈은 빚을 내서 쓰기보다는 내가 스스로 이자를 받아가며 만든 저축 자금을 통해 쓰는 게 좋다.

우리가 평생동안 돈을 버는 경제활동을 하는 시간은 약 30년이다. 사람들에게 몇 년이나 일할 거냐고 물어봤을 때 30년 이상 일할 거라고 답하는 경우는 단 한 번도 보지 못했다. 다들 그 정도만 일하고 인생의 나머지 시간은 은퇴 후의 평안한 생활을 즐기고 싶어

하기 때문이다.

그렇다고 치면 사람은 대략 30살부터 60살까지 30년을 벌고 그 이후 30~40년을 근로 없이 소비만 하며 살아야 한다. 그러니 오늘의 내가 버는 돈이 전부 오늘의 내 것이라고 생각하는 건 조금 아이러니가 아닐까 싶다.

나는 지금의 저축률이 곧, 당신 미래의 순간에 찾아올 삶에 대한 의사결정 지분율이라고 말하고 싶다. 어느 기업이 주주총회를 한다고 가정해 보자. 해당 기업의 지분을 30% 갖고 있는 사람, 20% 갖고 있는 사람, 50% 갖고 있는 사람이 있다면 이들 중 지분의 절반인 50%를 가지고 있는 사람의 의사결정이 기업이 나아갈 방향을 정하게 될 것이다.

이렇듯 전체 수입의 50%를 저축한다는 것은 내 삶의 의사결정을 주도적으로 가져갈 수 있는 최소한의 비율이라고 말하고 싶다. 물론, 사람마다 상황이 다르기 때문에 어떤 목표를 가져야 할지 또한 다를 것이다. 그리고 이에 대한 예시 몇 개를 추가로 이야기해 보겠다.

내 연봉에 맞는 저축액은?

위에서 말한 대로 전체 수입의 50%를 저축하기로 했을 때 연봉에 따른 적장 저축액을 살펴보자.

· 연봉 2,000만 원이라면, 연 1,000만 원 저축 → 월 83만 원
· 연봉 3,000만 원이라면, 연 1,500만 원 저축 → 월 125만 원
· 연봉 4,000만 원이라면, 연 2,000만 원 저축 → 월 166만 원

만약 당신의 연봉이 2,000만 원 선이라면 월에 최소 83만 원을 저축해보자. 그러면 1년에 1,000만 원이라는 목돈을 모을 수 있게 된다. 사회생활을 하며 수입이 늘어나게 되면 그에 맞춰 저축액도 늘려가서 연봉 3,000만 원이라면 연 저축 1,500만 원, 연봉 4,000만 원이라면 연 저축 2,000만 원 등 꾸준히 목표액을 상향해보자.

· 목표①: 3년 안에 5,000만 원 모으기
· 목표②: 30대 이전에 1억 모으기

다만 목표 없이 무작정 저축만 하는 게 힘들다면 '3년 안에 5,000만 원 모으기' 같은 목표를 세우고 달성하기 위해 노력해나가며 재정적, 심리적 안정을 꾀해보는 것도 방법이다.

이렇게 20대부터 성실히 저축을 해 나가다 보면 30대 이전에 1억이라는 큰돈을 모으는 것도 가능해진다. 이런 식으로 각각 내 상황과 지금 가지고 있는 목표가 어떤 것이 부합하는지 보고 한번 목표를 정해 보길 바란다. 삼성그룹 총수였던 이건희 회장은 생전에 이렇게 말했다. '30살인 사람이 1억이 있다면 내가 부러울 필요가 없다.' 왜냐하면 그 나이대에만 할 수 있는 것들은 이미 가지고 있는 1억이라는 돈으로 할 수 있고 그 돈이 긴 시간을 통해서 어마어마하게 성장할 수 있는 가능성이 있기 때문이다.

정말 내 인생의 새로운 티핑포인트를 마련하고 싶은 사회초년생이라면 자신만의 목표를 향해 모든 걸 걸고 한번 달려보는 것도 좋지 않을까 싶다. 나 또한 30대 중반이 되어서야 겨우겨우 내가 세운 목표를 달성했지만 내 지인 중에 본인의 목표대로 스물아홉 살 생일까지 4억 5,000만 원 정도를 모은 사람도 있다.

내가 이런 이야기를 할 때, 혹시라도 여러분이 그건 내가 이뤄낼 수 있는 일이 아니라고 생각하면 어떡하나 하는 걱정이 살짝 든다. 하지만 나 또한 아무것도 없는 상태에서 시작해 목표를 이뤄내었고, 앞서 말한 친구도 20살 때부터 피나는 노력으로 수입의 90% 이상을 저축했기 때문에 우리보다 조금 더 빨리 목표를 이뤘을 뿐이다.

이 책을 보는 여러분도 얼마든지 목표 달성이 가능하다. 다만, 자신을 믿지 못하고 있을 뿐이다. 이렇게까지 자산을 모아야 하는 이유는 천장에 굴비를 매달아 놓고 밥 먹는 자린고비가 되기 위해서가 아니다.

항산항심(恒産恒心)이라는 말이 있다. 이는 '일정한 생산이 있으면 마음이 변치 않는다'는 뜻으로, 일정한 직업과 재산을 가진 사람은 그만큼 마음에 여유가 있고 그렇지 않은 사람은 정신적으로 늘 불안정하여 별거 아닌 일에도 크게 동요하게 된다는 것을 의미한다. 마음의 여유는 물질적인 여유만큼이나, 혹은 그보다 더 우리의 삶을 풍족하고 평안하게 만들어 준다. 저축이 너무 힘든 순간이 온다면 이 말을 꼭 기억하도록 하자.

저축보다 우선인 게 있다?

저축을 하기 전에 필수적으로 체크해야 하는 사항이 있다. 첫 번째가 빚이다. 빚이 있다면 저축이 아닌 빚을 갚아가는 것이 좋다. 왜일까? 대출이 있음에도 불구하고 저축을 하고 있는 사람들이 있다. 그런데 그 빚이 금리가 7%고 내 예금 이자는 2%이다. 두 사람이 시소를 앉았을 때 무게중심은 무거운 쪽으로 기울 수밖에 없다. 무조건 무거운 것부터 처리를 해야 되는 것이다.

나는 대출과 저축 중에 대출을 무조건 먼저 치우라고 말하지는 않겠다. 학자금 대출처럼 금리가 1% 전후인 것도 있기 때문이다. 내가 이자 2~3%인 예금을 들었거나 투자로 5~7%의 수익을 낼 수 있다면 굳이 학자금 대출을 빠르게 갚을 필요는 없다는 것이다. 그래서 무조건 빚과 저축 중에 빚이 먼저는 아니다. 하지만 빚에 대한 금리 비용과 돈의 조달 비용 중 어디가 더 무거운지는 확인해야 한다. 그리고 그 무거운 것부터 무조건 먼저 처리해야 한다. 저축이 이자가 더 높으면 저축부터 하는 거고 빚이 금리가 더 높다면 빚을 먼저 해치우는 것이다.

두 번째로 체크해야 하는 것은 비상금 통장이다. 지속적으로 저축을 하기 위해서는 무조건 비상금 통장이 있어야 한다. 목돈이라는 것은 결국은 위기를 두세 번 정도 겪고 나아야지 만들어질 수 있다. 내가 이직을 할 때 한 번, 아파서 한 번 갑자기 집안에 일이 생겨서 또 한 번 돈을 쓰게 된다면 목돈은 조각나버린다. 돈의 크게 불어날 수 있는 힘이 계속 뒤로 밀리게 되는 것이다. 리스크를 두 번, 세 번만 삶에서 제대로 막아낸다면 같은 월급 받는 친구들보다는 2~3년 정도는 더 빠르게 월급을 정보소득으로 불려낼 수 있는 단계에 이를 수 있을 것이다.

공든 탑을 지켜라

다음으로 체크해야 하는 것은 '리스크 관리'이다. 비상금 통장이 깨지지 않게 리스크를 관리하는 것인데, 가장 대표적인 것은 연금보험이라고 할 수 있겠다. 내가 갑자기 아파서 돈이 나간다면 지금까지 모아온 목돈을 한 번에 사라지게 만들 수 있는 위기 상황이다. 예를 들면 경제 소득원인 한 집안의 가장이 중대 질환인 3대 암, 급성심근경색, 뇌졸중에 걸리면 3년 안에 모아놨던 자산들은 다 사라지게 된다. 그렇기 때문에 아무리 돈 모으는 것이 좋다고 하더라도 리스크를 관리하지 않고 돈을 모아가다 보면 한 번에 공든 탑이 또 무너질 수 있다.

마지막으로 체크해야 하는 것은 '목표'다. 저축의 가장 큰 원동력은 목표이기 때문에 저축하기 전뿐만 아니라 주기적으로 체크를 해야 하는 것이기도 하다. 시기별로 필요한 목표를 잘 구성한다면 그 목표에 맞는 저축 상품들이 다르다는 것을 파악할 수 있을 것이다. 자신의 목표에 맞는 상품을 잘 찾아봐서 목표를 달성할 수 있으면 좋겠다.

멋모르고 가입한 금융 상품이 내 돈을 갉아먹는다

앞서 저축 전에 살펴보아야 할 체크 사항들을 모두 확인했으니 이번엔 우리가 사용하고 있거나 언젠가는 사용하게 될 금융상품들을 실제로 확인해보려고 한다. 부모님이 시켜서 혹은 직장 생활에서 입사 후 가입하라고 해서 멋도 모르고 가입했던 모든 금융상품이 어떤 것들인지, 어떤 성질을 갖고 있는 건지 구분을 해야만 내게 필요한 상품들을 적재적소에 배치할 수 있는 시야를 기를 수 있다.

우리의 현재 상황을 개선을 하기 위해서는 먼저 진단이 필요하다. 나의 금융상품 바로 알기 위해 우선 내가 가입한 금융상품에 대한 전수조사와 내가 하고 있는 저축을 한번 정리해 보는 시간을 가져볼 텐데, 정리를 하기 이전에 가볍게 저축의 목적, 종류, 장점, 단점에 대해서 이야기를 해보자.

금융상품은 어떤 종류가 있을까?

	목적	종류	장점	단점
수시 입출금	자금보관, 이체	수시입출금, 예금	사용 편리	이자 없음
원금 보장형	목돈 마련	정기·자유 예적금	이자소득 가능, 위험 없음	낮은 이자
원금 손실 가능	목돈 마련	주식, 펀드, 채권 파생상품 (ELS 등)	투자 수익 기대	자금이 묶임, 원금소실 위험
장기 목적성	장기적으로 필요한 자금 마련 (노후, 자녀 교육)	보험	장기 저축으로 복리효과 기대	유지 가능성 낮음

수시입출금 통장 같은 경우는 일반적으로 '월급 받는 통장'이라고 보면 될 듯싶다. 이는 모든 은행사에서 만들 수 있는 기본 통장

으로 사용하기가 편하고 접근성이 높고 대신 이자가 거의 없다는 단점이 있다.

원금보장형 상품 같은 경우는 대다수 우리가 안전하게 단기 내 사용하는 목돈을 마련하기 위해서 이용한다. 예금이나 적금 같은 경우가 대표적인 케이스인데, 위험 요소가 없기 때문에 안전하지만 이자가 낮다는 특징이 있다.

여기까지 살펴보고 느낄 수 있는 게 하나 있다. 세상에 공짜 점심이 없듯, 우리가 위험을 감수하지 않으면 절대 큰 수익을 낼 수 없다는 것이다. 그렇기 때문에 예·적금은 단기 내 꼭 필요한 곳에 사용할 요량으로 모으는 것이고 이것들은 어쩔 수 없이 언제든 꺼내 사용할 수 있어야 하기 때문에 이자가 낮다는 단점은 감안할 수밖에 없다.

그다음은 원금 손실 가능성이 있는 상품들이다. 이 상품들은 중장기 목돈 마련을 위해서 고려하는 것인데, 투자 상품이 주를 이룬다. 주식, 펀드, 채권, 파생상품, ELS, ETF 등 여러 가지 상품이 있다.

이에 대한 자세한 설명은 뒤에서 하게 될 텐데, 이런 상품을 이용하는 이유는 예적금 대비 높은 이자를 우리가 추구하기 때문이다.

단점으로는 자금이 묶이고 원금 손실의 가능성이 있다는 것을 들 수 있겠다. 기대수익률이 생기면 그만큼 위험손실률도 생기는 건 어쩔 수 없는 이치라고 보면 된다.

마지막으로 노후 대비라든지 자녀교육을 위해 드는 장기저축성 보험, 노후연금 같은 상품들이 있다. 이런 것들은 장기저축이기 때문에 복리 효과를 누릴 수 있게 된다. 대신 내가 당장 쓰지 않는 거라서 중간에 해지할 가능성이 있다.

이런 상품들은 우리가 우리 자신을 지키기 위해서 하나씩은 가지고 있을 것이다. 그렇지만 어떤 게 어떤 장점이 있고 특징이 있는지는 한 번에 파악하기 어려울 수 있다. 그러니 이 자리에서 우리가 다 체크를 해 보자.

나의 모든 금융상품을 점검하기

더 나아가 모든 금융상품을 살펴보도록 하겠다. 우선 계좌정보 통합관리 서비스를 제공하는 '어카운트 인포'라는 앱을 추천한다. 이 앱을 설치하고 공동인증서를 등록하면 나의 모든 금융 정보를 확인할 수 있다.

이런 방식으로 전수조사를 하면 재미있는 일이 생기기도 한다. 한번은 내 지인이 전수조사 도중 부모님이 몰래 가입해 놓은 3,000만 원짜리, 5,000만 원짜리 저축보험 2개를 찾아냈다. 부모님에게 이 돈의 정체를 물어봤더니 '네 결혼 자금이다'라고 하셨단다. 그 친구에게는 거의 로또 같은 일이었을 것이다. 물론 이 로또 같은 일들이 우리에게도 있다면 좋겠지만 너무 큰 행운만을 바라며 전수조사를 시작했다가 현실적인 결과에 실망하는 일은 없길 바란다.

어카운트 인포에 들어가서 공동인증서를 연동하면 내 앞으로 개설된 입출금 통장부터 카드, 가입된 보험 내역, 대출 내역 등 나의 모든 금융 정보를 확인할 수 있다.

다음은 해당 앱을 통해 확인할 수 있는 금융 정보 예시이다. 가능하면 앱에서 알려주는 내 금융상품 리스트를 확인하는 데서 멈추지 말고 해당 상품에 가입한 나만의 목적에 맞게 내역을 다시 한번 정리해보길 바란다.

종류	금융사	용도	금액	비고 (주요 내용)
입출금 통장	기업은행	급여	150만 원	
입출금 통장	케이뱅크	투자금 통장	200만 원	
입출금 통장	카카오 뱅크	파킹통장	300만 원	
청약	기업은행	공공 분양	580만 원	청년우대형 청약저축 월 10만 원 (2023.07. 개설)
예금	기업은행	단기 목돈	2,000만 원	이자 1.5%
적금	기업은행	단기 목돈	360만 원	이자 1.7% (2023.07. 개설, 2024.07. 만기)
주식	미래에셋	중기 목돈	1,500만 원	수익률 17%
주식	신한금융 투자	중기 목돈	3,000만 원	수익률 8%
기타 투자	삼성증권	중기 목돈	580만 원	펀드 월 20만 원씩 적립 (2023.07. 개설, 2024.07. 만기)
대출	카카오 뱅크		2,000만 원	신용대출 이자 3.4%
보험	한화생명	종신보험	12만 원	20년납
보험	현대해상	진단보험· 실비	10만 원	20년납
카드	신한카드	소비용도		대중교통, 카페 10% 할인
카드	KB카드	통신비 할인		30만 원 이용 시 통신비 1, 5,000 원 청구할인
카드	현대카드	온라인 쇼핑		G마켓 2배 적립

위의 예시를 설명해보자면, 지금 기업은행 계좌에 급여를 받는 통장이 있고 케이뱅크는 투자금 보관 목적으로 개설한 통장으로 200만 원 정도가 들어가 있다. 해당 계좌나 대출 등의 목적은 최대한 구체적으로 정리해주면 좋다. 만약 목적 없이 개설한 상품이 있다면 아직 별도의 목적이 없다는 표시 또한 정확히 기재하길 바란다. 그래야 개선이 가능하니 말이다.

여기에서 설명한 대로 어카운트 인포 앱을 통해 자신이 이용 중인 금융 상품을 확인해보았다면 다음 장에 수록된 〈나의 금융상품 한눈에 보기〉를 통해 직접 정리해보는 시간을 가져보길 추천한다.

청약은 공공 분양 때문에, 예금은 단기 목돈을 마련하기 위해서, 주식은 중장기 목돈을 위해서라는 사유를 적고 또 다른 투자들은 중장기 목돈을 위해서, 펀드 같은 경우도 중장기 목돈 얼마, 대출은 어느 금융사에 얼마가 남아있고, 보험은 어떤 보험이 매달 얼마씩 나가고 몇 년이나 더 내야 하는지 그리고 어떤 특이사항이 있는지 등. 우리들의 상황들을 한번 쭉 적어보면 좋을 것 같다. 그래서 '내가 지금 단기금융상품들에만 치중이 되어 있구나', 혹은 '위험 대비가 하나도 안 되어 있구나' '생각보다 큰돈이 여기에 잠자고 있었네?'라고 깨달으며 우리의 금융 상태를 점검해 보길 바란다.

나의 금융상품 한눈에 보기

종류	금융사	용도	금액	비고 (주요 내용)

저축 얼마나 할지 딱 정해드립니다!

평생을 함께할 7가지 통장

나를 지켜주는 7개의 통장

인생에 꼭 필요한 금융상품 7가지를 꼽으라고 하면 보통 우측 표에 나온 것과 같은 것들을 이야기한다.

우리는 이 중 몇 개의 통장을 가지고 있을까? 각 상품의 꼭 이름이 똑같을 필요는 없겠지만 같은 기능을 하는 통장이 몇 개나 있을지도 모른다. 다른 사람들에게 물어보면 통장을 많이 가지고 있는

수시 입출금 통장	돈 관리의 최전방이자 가장 돈이 많이 드나드는 기본 통장
예·적금 통장	목돈을 넣고 정해진 기간 뒤에 이자를 받는 예금, 매월 똑같은 돈을 넣어서 정해진 기간에 이자를 받는 적금
청약 통장	내가 집을 분양받기 위한 번호표
펀드	저금리 시장에서 우리가 투자 수익을 내기 위해 시도해야 될 간접 투자 상품의 대명사
CMA	앞선 상품들에 대한 저축이 지속되기 위해서 꼭 필요한 금융상품의 안전벨트
보험	우리의 질병 리스크를 지켜주는 버팀목
연금	노후 기간에 또박또박 월급을 줄 동앗줄

경우엔 5~6개 정도고 여기에 나온 7개 모두 있는 케이스는 정말 보기 쉽지 않다.

하지만 나는 그럴 때마다 꼭 이 말을 한다. "통장 7개를 전부 가지고 있으신 분의 경우, 금융 지식에 대한 디테일이 어떻든 간에 중상위층 자산을 모을 가능성이 매우 높습니다"라고 말이다.

사회 초년생일 때는 여러 가지 경험을 해 봐야 한다는 맥락도 이런 의미에서 말을 하는 것이다. 내가 지금 당장 어떤 역할을 하는지 모르는 통장이라고 하더라도 우선 돈을 넣게 되면 관심이 생기게 된다.

물론 그렇다고 해서 모든 상품을 일단 마구잡이로 가입하라는 건 아니다. 이번 챕터에서는 여러 금융상품들이 어떤 역할을 하는지에 대한 전반적인 흐름을 이야기하고자 한다. 그리고 다음 챕터로 넘어가 보다 구체적인 정보를 설명하겠다.

나에게 꼭 맞는 플랜

앞서 소개한 금융상품 7개 중 아직 이용하고 있지 않은 상품이 있다면 이유가 무엇인지, 혹시 내가 해당 상품에 대해 어떤 인식을 갖고 있었기 때문인지 (혹은 아무런 인식이 없었기 때문인지) 꼭 한번 생각을 해 보길 바란다.

나는 무조건 7개 전부를 이용하는 것을 추천한다. 다만 내 상황과 목표에 따라서 비율이 다를 순 있다. 예를 들어 결혼을 준비하는 과정이라면 당연히 결혼·신혼 자금 마련이 가장 중요하기 때문에 단기 내 확정적인 자금의 용처를 모으는 예·적금이 적합할 수 있다. 또, 만약에 단기적으로 쓸 돈도 목표도 없다면 안전하게 돈을 관리해 주는 대신에 수익률이 적은 예·적금이 상대적으로 필요가 없어진다. 그러면 중장기 투자 자금을 더 늘릴 수도 있는 것이다.

혹시 '나는 노후에 정말 안전하게 살고 싶다'라는 생각이 강하다면 연금에 대한 비용을 더 높일 수도 있는 것이고, 우리 집에 건강과 관련해 가족력이 있다면 당연히 보험에 대한 더 비용을 많이 두어야 할 것이다. 즉, 절대 재테크에 답은 없다는 점을 인식하는 게 중요하다는 뜻이다.

다만 본인이 현재 특별히 신경써서 준비해야 할 항목이 없다면 대중적으로 조금 더 수요가 있는 상품에 대해 이후의 챕터에서 차차 이야기해볼 테니, 그것들을 참고하고 본인의 상황을 복합적으로 고려해 현명한 금융 플랜을 짜보길 바란다.

앞선 상품들은 필요와 목적에 따른 혹은 필요한 시기에 따른 상품이기 때문에 각각의 상품들에게 역할을 부여해 내 인생 전반을 잘 보호하도록 운용한다고 생각해보면 좋을 것 같다.

이런 식으로 미리 준비하고 보호를 하지 않으면 우리가 감당하기 어려운 위험한 상황들이 벌어지게 된다. 건강에 문제가 생겨 급히 수술을 받아야 한다거나, 교통사고가 나거나, 집에 일이 생기는 등 피할 수 없는 위기가 찾아왔을 때 너무나 쉽게 무너질 수밖에 없는 것이다. 앞으로의 내 삶에 어떤 일이 일어날지는 아무도 모른다. 내 자산이 밑에 층부터 단단하게 설계되어 있지 않으면 어느 순간 와

르르 무너져내릴 수도 있다. 내 자산, 내 인생에도 설계가 필요하다.

인생 설계 필수 6단계

6단계: 상속 설계		
5단계 : 부동산 설계	3단계: 저축·투자 설계	4단계 : 세금 설계
	2단계: 은퇴 설계(연금)	
1단계: 위험 설계 (보험)		

이 표는 내 인생을 밑바닥부터 단단히 쌓아 올려주는 '인생 설계 필수 6단계'다. 이를 통해 우리의 자산 관리에 대한 순서와 비중을 한번 정의해보도록 하자.

인생 설계의 지반이 되는 1단계, '위험 설계'는 내가 평생 긴 인생을 살아감에 있어서 최후의 보루이자 몸이 아파도 절대 자산이 무너지지 않게 하는 보험이 있다.

그리고 그 위로 올라간 2단계는 지금 당장 필요하지 않지만 내가 더 이상 돈 벌 수 없는 시점에 나에게 지속적이고 안정적으로 돈을 제공할 수 있는 연금 주춧돌이 있다. 이 두 가지 기반이 다져지지 않은 상태라면 그 위로 아무리 많은 자산을 쌓아 올려도 밑 빠진 독처럼 내 기반이 쉽게 무너질 수 있으니 꼭 유의해야 한다.

설계 3단계는 저축과 투자 상품을 단기, 중기 목적에 따라서 하는 것이고, 4단계는 세금을 설계하는 과정인데 월급을 관리하는 직장인으로서는 우선 4단계까지가 이상적인 단계가 아닐까 싶다.

직장인이라면 연말정산을 통해서 우리가 소비했던 내용들 중에 일부 환급받을 수 있는 것들이 있는지 한번 체크해보는 과정이 꼭 필요하다. 그래서 우리가 이 4단계까지 직접 해 나가면서 내 자산, 내 집이 안전하게 세워져 가고 있다는 것을 직접 느껴보길 바란다.

월급쟁이 직장인이 당장 할 수 있는 인생설계 4단계까지의 과정 이후 이를 넘어선 단계로는 부동산 설계와 상속 설계까지가 더 있지만, 이는 우리가 우선 4단계까지의 인생 설계를 탄탄히 완성하고 훨씬 이후의 과정이기 때문에 우선 4단계 세금 설계까지만이라도 완벽해게 마스터하길 바란다.

내 자산 지켜주는 울타리, 보험_이해편

앞서 나의 자산을 만드는 것을 집을 짓는 과정으로 비유했다. 그 중 첫 번째 지반이 되어주는 보험에 대해서 이야기해 보자.

인생 설계 필수 6단계: ① 위험 설계, 보험

6단계: 상속 설계		
5단계 : 부동산 설계	3단계: 저축·투자 설계	4단계 : 세금 설계
	2단계: 은퇴 설계(연금)	
1단계: 위험 설계 (보험)		

보험은 '내 자산의 울타리'라고 설명을 하는 것이 가장 직관적이지 않을까 싶다. 나의 자산은 작고 귀여운 수준인데 무시무시한 늑대를 막을 수 있는 큰 울타리를 만드는 것은 불필요한 일이다. 큰 울타리를 칠수록 비용이 높아지기 때문에 우리가 감당할 수 없는 너무 큰 울타리는 보험을 유지할 수 없는 원인이 되기도 한다.

보험은 나이가 어릴수록 낮은 비용으로 가입할 수 있다는 이유로 최대한 많이 가입해야 두어야 하는 단순한 상품이 아니라는 점을 명심하자.

내 자산이 늘어남에 따라서 그 자산을 지킬 수 있는 보험은 달라진다. 예를 들어 보험 금액을 설정하는 추천 비중은 소득 대비 3~5% 정도다. 그러니 만약 소득이 200만 원 정도인 사람이라면 높은 금액대의 보험은 부담이 될 수 있으니 묻지도 따지지도 말고 실손 손해보험에 가입해야 한다. (물론 200만 원이 넘는다고 해도 꼭 가입하길 바란다) 실손 손해보험의 경우, 실제 내가 가입한 내역에 대해서는 최대 5,000만 원까지 보장해 주는 상품이다. 심지어 정부에서도 이러한 실손 보험 상품들을 꼭 가입하라고 세액공제라는 혜택까지 주고 있다. 만일 내가 월에 8만 9,000원 정도를 보험료로 낸다고 가정한다면 내가 낸 세금 중 12%를 돌려받을 수 있다.

보험, 많이 든다고 좋은 걸까?

내게 찾아오는 위험도 막아주고 세금 혜택도 주는 보험에 대해 조금 더 자세하게 알아보자. 우선 보험의 경우 2년 이상 유지율이 매우 낮다고 한다. 내 위험을 막아주고 인생 설계의 지반이 되는 이 중요한 보험을 2년 이상 유지하지 않고 해지한다니 이상하게 들릴 수도 있다. 하지만 어찌 보면 당연한 이야기이기도 하다.

내가 스스로의 목적과 적정 규모를 모르는 상태에서 가입한 상품은 어떤 것이든 오래 유지하기 힘들다. 보험사에서 설명하는 상품 용어도 어렵고, 설명도 잘 안 들었으니 섣부르게 판단하고 상품을 가입했을 확률이 높다. 섣부르게 판단하고 상품을 가입했다는 건 보험 해지율이 높아지는 이유이기도 하다. 내가 잘 알지도 못하는 투자처에 내 소중한 자산을 오랫동안 투자할 사람은 세상에 없으니까.

하지만 이것만은 꼭 알았으면 좋겠다. 집, 자동차 다음으로 목돈이 들어가는 것이 보험이다. 월 10만 원씩 20년 납부하는 보험을 가입한 경우에는 총 2,400만 원의 비용이 드는데, 이는 신형 아반떼 준중형급 신차를 산 것과 같다. 그런데도 보험을 대충 보겠다고 하면 그건 내 소중한 목돈을 모르는 사람에게 믿고 맡긴다고 하는 것과 다를 바 없다.

1인당 보험 가입 현황

(단위: 건)

	2012년	2013년	2014년
생명보험	1.63	1.66	1.65
손해보험	1.83	1.88	1.93
평균 합계	3.46	3.54	3.59

국내 가구 보험 가입 현황

	보험상품 가입률(단위: %)	보험 가입 평균 개수	월 납입 보험료 (단위:만 원)
질병 보장 보험	85.5	1.3	8.1
재해 사망 보장 보험	62.4	1.2	7.7
저축성 보험	43.3	1.2	17.9
변액보험	25.3	1.1	14.9
연금보험	49.4	1.1	18.2

* 연 평균 생명보험 220만 원, 손해보험 124만 원으로 총 344만 원 납입

국내 보험 가입률은 손해보험과 생명보험을 합쳐 평균적으로 1인당 3.6건 정도이며 가정당 연 350만 원 정도를 보험료로 지불한다고 한다. 보건복지부에서 공개한 자료에 따르면 국내 보험 가입자들이 보험을 가입한 이유로는 '질병 사고로 생기는 경제적 부담을 덜기 위해서'인 경우가 46.3%로 제일 많았고 큰 비중을 차지한건 아니었지만 7.4%는 '보험설계사의 권유에 못 이겨서'인 경우도 있었다.

해지하는 이유로는 '보험료가 내기 어려워서' '더 좋은 상품을 가입하기 위해' '목돈이 필요해서'라는 등의 다양한 이유가 있었는데, 보험료를 내기 어려워서인 경우는 전체의 28.2%나 차지했다. 손해를 보면서까지 해약을 하는 이유가 바로 불확실한 미래 경제적 부담을 줄이기 위해서인 것이다.

만일 불가피한 상황이 생겨 급히 목돈이 필요해 보험을 해지할까 고민하는 경우라면 '보험약관대출'을 통해 내가 낸 보험료를 담보로 대출을 받을 수 있는 방법도 있다. 그러니 혹시라도 급전이 필요하다는 이유만으로 보험을 해지하는 것은 조금 더 고려를 해보기바란다.

보험료는 부담되고 지금 당장 가입해야 하는 이유도 모르겠고, 개개인마다 여러 가지 생각과 상황이 있겠지만 이렇게 한번 생각을 해 봤으면 좋겠다. 보험은 철저하게 통계적 위험을 관리하는 수단이다. 한국인 세 명중 한 명이 암에 걸리고 남성 4명 중 1명이 질병으로 60대 이전 사망할 확률이 24.1%라고 한다. 애플의 CEO 스티브 잡스는 췌장암에 걸려서 생을 마감했고 삼성그룹의 총수 이건희는 심근경색으로 삶을 마감했다. 아무리 돈이 많아도 질병 앞에서는 의미가 없다는 것이다.

기술 발전이 조금씩 있긴 하겠지만 그럼에도 불구하고 위험은 항상 존재한다. 게다가 이런 자료들을 배제하더라도 살면서 큰 병에 언제라도 걸릴 수 있기 때문에 그에 따른 치료비가 발생할 것이다. 그때 그 치료비를 급히 마련한 목돈으로 겨우겨우 해결할 것인지, 매월 꾸준하게 냈던 돈을 통해서 추가적인 지출을 막을 것인지는 당신의 선택이다. 다만, 누가 봐도 합리적인 선택은 후자가 아닐까 싶다.

보험은 내 인생의 '골키퍼'

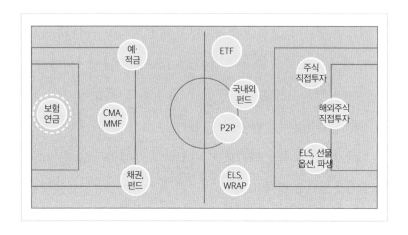

이것을 조금 더 쉽게 설명하기 축구에 비유해 보았다. 축구 경기 장에 선수로 뛰는 여러 상품이 있고 이 상품들이 각각 공격수, 미드 필더, 수비수, 골키퍼 역할을 한다. 여기에서 주식 투자 같은 것들 은 공격수를 맡아 공격적 투자로 내 자산을 불려준다. 하지만 이런 선수들이 호날두나 메시 같은 세계 최고의 공격수라 하더라도 삶에 보험 연금이라는 골키퍼가 없다면 절대 이 게임에서 이길 수 없다.

그렇기 때문에 리스크를 막아주는 보험과 연금 이 두 개의 상품 은 누가 뭐라 해도 꼭 필요하다. 다만 내 상황에 맞는 비율과 비중이 다를 수는 있을 것이다. 그러니 이번에는 비중 관리를 위해 보험에 대한 이론적인 부분을 한번 훑어보겠다.

보장성 보험 VS 저축성 보험

보험은 보장성 보험과 저축성 보험이 있다. 보장성 보험은 질병과 상해에 대비하는 것이고 저축성 보험은 노후 리스크에 대비하는 것이다. 보장성은 실손, 건강보험, 종신보험, 암보험, 요양보험 같은 것이 있고 저축성 보험은 공시이율 연금, 변액연금, 변액 유니버셜 같은 것이 있다.

사실, 개인적인 의견이지만 나는 여러분들이 저축성 보험을 가입하려는 경우 우선 여러 가지 부분들을 고려해보았으면 좋겠다. 저축성 보험은 금리의 영향을 많이 받기 때문에 금리가 많이 낮은 상황에 하는 장기간 저축은 보험보다는 투자로 접근하는 것이 유리하기 때문이다. 금리가 제로로 근접하는 금리형, 더불어 보험 설계사의 수수료까지 나가는 저축성 보험은 실질적으로 우리 뒤의 삶에 큰 도움이 될 수 있는 목돈이 되기가 힘들다.

보장성 보험은 실제 손해 난 부분에 대한 보상과 정해진 금액만큼을 지급해 주는 상품이다. 그래서 실손의료보험은 5,000만 원의 병원비가 발생하면 5,000만 원을 돌려받는 개념이다. 정액형 보험은 '갑상선암 진단을 받으면 얼마를 드릴게요'와 같은 약속을 하고 실제로 질병 진단을 받게 되면 약속된 금액만큼이 나오는 것이다. 이렇듯 보장성 보험은 실손과 정액에 따라서 구분이 된다.

그렇다면 이제 보험 상식이지만 아직도 모르는 사람이 많은 질문들에 대해 답변을 해보고자 한다.

Q. 병원에 다녀왔는데 병원비 청구를 깜빡했어요. 언제까지 청구가 가능할까요?

A. 보통 기간이 지난 줄 알고 실비 청구, 진단금 청구를 놓치는 경우가 있는데, 원래는 2년까지였던 기간이 지금은 개정이 되어서 3년까지 청구가 가능하도록 바뀌었다. 이용했던 병원해서 실손보험료 영수증, 보험 청구용 영수증을 받을 수 있으니 3년 내에 진단을 받은 약력이 있다면 꼭 영수증을 받아 청구하는 게 좋다.

Q. 종신보험과 정기보험은 무슨 차이가 있나요?

A. 종신보험은 내가 죽을 때까지 보험이 유지가 되는 것이다. 그리고 정기보험은 정해진 기간만큼 보장을 받는 것이다. 기간의 제약이 있으니 당연히 후자가 조금 더 저렴하다. 그러면 후자는 어떤 상황인 사람에게 알맞을까. 예를 들어 당장에 큰 보험료를 낼 여유도 안 되고, 자녀 교육자금이 많이 들어가는 시기에 놓인 사람이 있다고 해보자. 그러면 그 사람은 최소한 자녀들이 대학교에 입학할 때까지는 자신에게 문제가 생겨 자녀 양육이나 교육에 드는 비용을 충당할 수 없더라도 그 시기를 버틸 수 있는 목돈이 필요하다. 그럴 때는 정기보험으로 가입을 하는 게 목적에 맞는 선택이 되는 것이다.

Q. 내가 가입한 실손보험이 적정한 금액일까요?

A. 실손보험은 20~30대라면 대다수가 1만 원대의 금액을 내고 있을 것이다. 혹시나 그 이상의 비용을 내고 있다면 그것은 실손보험이 아닌 다른 특약이 들어가 있어서일 가능성이 높으니

보험사를 통해 내가 가입한 보험이 구체적으로 어떤 부분을 보장하고 있는지 꼭 확인해보자.

목적에 따라 나뉘는 저축성 보험 종류

앞서 저축성 보험은 상황에 따라 가입을 신중히 고려해보는 게 좋다고 말했는데, 이러한 저축성 보험의 성격에 대해 다시 한번 이야기해보겠다.

저축성 보험은 연금을 목적으로 한 상품인지 아니면 펀드나 투자로 목돈을 굴리기 위한 상품인지에 따라 성격이 나뉜다.

	연금보험	변액보험·변액유니버셜
보험 목적	노후자금, 목돈마련	
운영 방법	금리 공시이율에 따라 적립	투입된 특별계정의 펀드 수익률
수수료	7% 내외	7~15% 내외
특징	수수류 제하는 일정 기간이 지나면 은행금리+1~2%로 적립	펀드운용 성과에 따라 수익률 상이

연금을 목적으로 한 저축성 보험의 경우 경우, 투자로 자산을 굴려 노후 자금을 만드는 과정이 꼭 필요하다. 연금 자체가 필요 없다는 사람, 그러니까 자신이 100세까지 일해 지속적이고 안정적인 수입을 유지할 거라는 사람은 필요 없을 수도 있지만 과연 100세까지, 아니 자신이 몇 살이 되든 살아가는 동안에 내내 돈을 벌 수 있는 사람이 얼마나 될까. 그러니 연금이 먼 훗날이 이야기라고 치부해버리고 나중으로 미뤄주는 일은 하지 않길 바란다.

그렇다면 변액보험은 왜 변액보험일까? 변액의 의미는 금액이 변한다는 것이다. 즉, 펀드 같은 투자 상품을 통해 그 성과에 따라 수익을 내는 것이기 때문에 수익이 일정치 않고 변하는, 변액 상품인 것이다.

갱신형 보험 VS 비갱신형 보험

갱신과 비갱신 여부에 따라서도 보험을 나눌 수 있다. 갱신되는 보험료는 지금 당장은 저렴할지 몰라도 계속해서 보험료가 올라간다. 그래서 정말 내가 보험료가 필요한 노후 시기에는 스스로 보험료를 부담하는 게 불가능한 정도의 금액이 될 위험이 있다.

하지만 그럼에도 불구하고 갱신 보험을 선택해야 하는 경우가 있다. 지금 당장은 내가 너무 여력이 안 되는데 내가 지켜야 할 것들이 있는 경우다. 이런 상황이라면 갱신형 보험을 가입했다가 나중에 여유가 생긴다면 비갱신형 상품으로 바꾸시는 것이 좋지 않을까 싶다. 그렇다고 무조건 비갱신형이 좋은 것은 아니다. 처음부터 비용 부담이 있기 때문이다. 자신의 상황에 맞춰서 보험을 선택하면 될 것 같다.

순수보장형 VS 만기환급형

환급 여부에 따라서 보험을 구분한다면, 순수보장형과 만기환급형으로도 나눌 수 있다. 이 부분은 간단하게 설명하고 지나가겠다.

순수보장형은 만기 시 지금까지 납입한 보험료가 환급되지 않는다. 보험 본연의 목적인 '위험 보장'이 목적인 것이다. 그래서 만기환급형보다 보험료가 크게 저렴하다. 때문에 순수보장형보다 보험료가 더 비싸더라도 보험료를 모두 납부하면 만기 시 원금을 일부

혹은 전액 돌려주는 만기환급형이 더 매력적으로 보일 수도 있다.

하지만 잃기 싫어하는 사람의 기본심리를 이용한 것이 바로 만기환급형 보험이다. 사실 20년, 30년 뒤에 내 돈 원금을 그대로 보장해준다는 것은 절대 '원금 보장'이 아니다. 그간의 세월 동안 물가가 그만큼 올랐기 때문에 원금이 납입 당시의 가치를 가지지 못하기 때문이다. 보험의 기능에 저축을 더하면 30년 뒤에 원금이 된다? 알고 보면 무조건 잃는 장사이기 때문에 보험으로 나가는 돈은 추후에 돌려받는 저축금이 아닌 위험 관리를 위해 사용한 비용으로 보아야 한다. 그러니 절대 저축형 상품 혹은 적립형 상품을 가입하는 실수를 하지 말자.

특약, 꼭 알고 가자

보험에 꼭 필요한 특약에 대해서도 이야기해보자. 손해보험에서는 '일상생활배상책임'이라는 것이 있다. 만약 의도치 않게 화재나 누수로 이웃집에 피해를 준다거나 자전거를 타다가 남의 차를 긁는다거나 등 타인에게 피해를 끼쳤을 경우에 그 금액에 대해서 1억까지 보상을 해주는 것이다. 이 특약 같은 경우는 손해보험에만 있기 때문에 손해보험을 가입할 때는 일상생활배상책임이라는 특약이 있는지 꼭 확인을 해봐야 한다.

생명보험에만 있는 특약도 있다. 바로 종신보험이다. 이는 내 삶을 마치게 되면 받을 수 있는 보험이다. 종신보험과 정기보험은 앞서 한 차례 설명했기 때문에 가볍게 넘어가도록 하겠다.

이제 보험의 구조에 대해 설명을 하겠다. 아까 실손에서 잠깐 이야기했지만 보험이 생각보다 비싼 경우가 있다. 그 이유는 특약들이 많이 들어가 있기 때문인데, 말이 나온 김에 자신의 보험을 분석해 보는 것도 필요할 것 같다.

당연히 비싼 특약은 사망률이 높은 병에 대한 진단금이 있는 경우가 많다. 뇌졸중이나 급성심근경색이나 암이 대표적이다. 그래서 내가 원하는 기본 보장에 더불어 다른 진단금들이 많으면 많을수록, 사망률과 발병률이 높은 병에 대한 특약이 있을수록 보험료가 비싸진다고 보면 될 것 같다.

보험사마다 다를 수는 있지만 보통 암 진단비와 뇌졸중의 진단비가 2:1 정도, 뇌졸중과 급성심근경색의 진단비가 1:7.5 정도로 보면 된다. 이 보험료는 사망률, 발병률 등에 따라 철저하게 통계적으로 분석된 것인데, 가장 비싸게 측정이 되어 있는 암 같은 경우는 살면서 두 번, 세 번 발병할 수도 있다. 그렇기 때문에 내가 아무리 지금 많은 돈을 문제 없이 잘 벌고 있다고 하더라도 항상 위험 관리에 대한 부분에 경각심을 가지고 준비를 해야 한다.

보험, 진실 혹은 거짓

마지막으로 보험에 대한 진실 혹은 거짓을 말한 뒤 이번 챕터를 마치고자 한다. 보험 관련해서 아마 이런 말을 자주 들어봤을 것이다.

"보험은 한 살이라도 어릴 때 가입해야 저렴하고 좋지!"

이는 반은 맞고 반은 틀린 말이다. 내가 경제적 여력이 되면 당연히 보험을 가입해 놓는 것이 좋다. 혹은 부모님이 경제적으로 풍요롭거나 내가 지금 소득이 많다면 어릴 때 보험을 많이 가입해도 된다. 하지만 보험 또한 지속적으로 일정 비용이 나가는 것이기 때문에 내가 지켜야 할 자산에 비례해서 가입을 늘려나가야 한다. 내 자산이 없는데 보험 가입만 많이 한다면 이는 지킬 것이 없는 집에 최고급 도어락을 다는 것과 다를 바가 없다.

두 번째로, 가입을 강하게 권유하면 적극적으로 가입을 해야 한다는 말이 있는데. 이는 절대 아니다. 이것은 보험은 물론이고 금융상품 혹은 우리가 만나게 되는 모든 영업인들에게 해당되는 얘기기도 하다.

혹시 누군가 금융상품을 우리에게 강하게 권유한다면 강하게 거부를 하는 것이 좋을 수도 있다. 실제 이런 사례도 있다. 어떤 보험 판매원이 너무 설명을 잘하고 좋은 상품에 가입을 권유한다고 해보자. 그 상품은 한시적으로 프로모션을 걸어서 판매를 하게 되면 조금 더 높은 수수료를 내는 것일 수도 있다. 혹은 나는 필요를 잘 못 느끼겠는데 나에게 강매하려는 상품이 있다면, 그만큼 판매사에게 떨어지는 수수료가 크다고 봐도 될 것이다.

어쩌면 "보장성 보험으로 위험도 지키고 30년 뒤에 만기환급 때 돈도 돌려받으니까 재테크도 하자!"라는 말도 들어봤을지 모르겠다. 하지만 이는 절대 사실이 아니다. 보험은 재테크가 아닌 비용이다. 물가상승으로 인해 가치가 떨어진 원금을 그대로 돌려받는 것은, 절대 우리에게 이득이 되지 않는다.

마지막으로 "종신보험보다 정기보험이 좋다!"는 이야기도 들어 봤을지 모르겠다. 이는 상황에 따라 다르다. 만약 내가 지금 당장에 책임져야 하는 자녀로 인해 나의 존재 혹은 나의 자산 능력이 사라지면 절대 안 되는데 그렇다고 종신보험을 가입하기에는 너무 부담된다고 해보자. 그러면 최소한 내 자녀들이 대학교를 졸업하는, 내 나이 기준으로 65세까지는 내가 죽어도 큰돈이 나올 수 있게 설정을 할 수 있는 정기보험이 상황에 따라 유용할 수도 있다. 이는 앞서 한번 설명한 내용이지만 쉽게 간과할 수 있는 부분이기 때문에 다시 한번 말하고 싶다.

다음 장에서는 보험을 실제로 가입하는 데 있어서 알아야 할 실천적 지식들, 즉 '실전 보험'에 대해 조금 더 구체적으로 알아보도록 하겠다.

내 자산 지켜주는 울타리, 보험_실전편

이번 장에서는 보험을 실제로 가입하기 위해서 어떤 체크리스트들을 확인해야 되는지, 실제로 어떤 상황과 어떤 사람에 따라서 어떤 보험이 필요한지에 대한 실천적인 얘기를 나눠보려고 한다.

가장 중요한 건 '목적'

자, 우리가 재무관리를 시작할 때 뭐부터 정했던가? 바로 목표 설정이었다. 보험 가입도 똑같다. 내가 보험을 가입하는 목표, 즉 보험의 목적을 정해야 한다. 내가 특별히 어느 질병을 걱정하지 않아도 되는 사람인지 아니면 유전적으로 물려받은 가족력이 있는 사람인지, 혹은 내가 남들보다 조금 더 위험한 일을 하는 사람인지 등 이러한 상황들을 먼저 정확하게 인지하는 게 첫 번째 작업이다.

이 과정을 모두 거친 후에 결과에 따른 위험 요인을 보장 내역으로 보호해주는 상품을 가입해야 한다. 상황에 따라서 최적화되어 있는 보험들이 다르기 때문이다.

상해보험을 예로 들어보자. 건강 때문이든 직업 때문이든 내가 일반적으로 다른 사람들보다 몸이 아플 일이 많다면 다른 보험보다 손해보험 쪽이 훨씬 더 쉽고 진단금이 많고 명확하다. 그리고 앞서 말한 대로 만약 가장으로서 가정을 지키기 위해 세워둘 경제적 울타리 역할을 해 주는 종신보험 같은 건 생명보험에만 있다. 그렇기 때문에 내가 어떤 이유로 목적을 가지고 보험을 가입하는지가 명확해야 한다.

보험, 얼마나 설정해야 할까?

너, 나 할 것 없이 무조건 해야 되는 것은 3대 중대 질환에 대한 실손보험이다. 이는 남자, 여자, 2030 따질 것 없이 10,000원에서 15,000원 사인데, 부담되지 않는 금액이니 무조건 실손보험은 가지고 가는 게 좋다.

그리고 한국인 질병 사망 원인 3대 질환인 암, 뇌졸중, 급성심근경색은 무조건 진단금이 나오도록 설정해야 한다. 그러려면 손해보험이 필요한데, 나 같은 경우도 암, 뇌졸중, 급성심근경색에 대한 진단금은 2,000~3,000만 원씩 측정을 해 놓았다.

이게 무슨 말이냐 하면, 만약에 연봉이 2,000만 원에서 3,000만 원 사이인 사람이라고 치면 병원비는 실제 손해보험으로 처리를 할 것이고 내 연봉을 대체하는 돈은 진단금으로 처리를 하는 것이다. 보험은 철저하게 울타리 개념이다. 내가 1년 동안 생계비용이 3,000~4,000만 원이 나온다면 진단금이 3,000만 원에서 4,000만 원이 나오게 설계를 해야 하는 것이다.

당연히 생애 주기를 고려한 보장 기간도 중요하다. 요즘은 백세 시대라고 하지 않는가. 내 몸이 흙으로 사라지는 종신까지 보장받는 보험의 중요성이 높아질 수밖에 없다. 그렇다면 소득을 고려한 적당한 보험료는 얼마일까. 거듭 강조했지만 보험료는 저축이 아닌 비용 개념이기 때문에 내 소득에 맞춰서 얼마를 지출할 것인지 선택해야 한다. 그렇기 때문에 내가 추천하는 소득 대비는 3~5% 정도를 보험료로 지불하는 것이다. 우리 집은 가족력도 없고 나는 보험을 낼 수 있는 여유도 많이 부족하다고 하면 가입을 삼가는 것이 아니라 그 최저선인 3% 비율로 가입하면 된다.

보험은 통계

보험료가 변동하는 데에 기인하는 요인들에는 성별, 사업비, 이벤트 시점, 위험률 등이 있다. 그러면 이 요인들을 하나씩 살펴보도록 하자.

남자, 여자 중에는 남자가 보험료가 더 높다. 왜냐하면 30, 40대 남자들이 통계상 재해 위험률과 음주 비율, 흡연 비율, 질병 비율이 높기 때문이다. 사업비는 보험 회사에 따른 수수료율을 의미한다. 우리가 핸드폰을 사더라도 애플이냐, LG전자냐, 삼성이냐에 따라서 핸드폰 비용이 다르지 않는가. 이런 이유들 때문에 보험료가 바뀌는 것이다.

그렇다면 이벤트 시점은 무엇일까? 내가 보험에서 어느 보장 내역을 선택하는 이유가 암이라고 가정하자. 내가 암에 언제 걸릴지 모르겠지만 보험 회사가 봤을 때 평균적으로 암이 많이 발병하는 나이가 있다. 그러면 보험 회사는 내가 낸 돈을 다양한 방식으로 굴리고 굴리다가 평균적으로 암에 걸리는 시점이 언제인지, 그때까지 얼마나 남았고 얼마를 받을 수 있을지 계산해 보험료를 책정하는 것이다. 즉, 보험료를 받을 이벤트 시점과 멀면 멀수록 보험료가 싸게 책정이 되는 것이다.

거기에 더해 내가 보장받는 위험률 혹은 상황들이 얼마나 가능성이 높냐, 낮냐에 따라서 보험료가 책정이 된다. 보험은 철저하게 통계학이다. 확률적인 비용을 지불하고 보험료를 진단받는다고 생각하면 된다.

보험 가입 방법의 경우, 내가 금융 상품을 잘 아는 사람이라면 유통 마진이 적은 온라인에서 하는 것이 좋다. 만약 특약 없이 일반 손해보험, 실비보험만 가입한다고 하면 온라인 보험슈퍼마켓에서 저렴한 수수료로 가입을 하는 것도 추천을 한다. 만약에 그게 안 된다고 하면 보험 설계사 두세 명에게 상담을 받아 더블 체크하며 꼼꼼히 알아보고 가입하는 것이 좋다. 그리고 내게 필요한 보험 보장 내역과 가입하려는 보험 보장 내역이 일치하는지, 혹은 불필요한 특약이 덕지덕지 붙어 있지는 않은지 꼭 확인해야 한다.

그리고 혹시나 보험 설계가 제대로 됐는지를 체크하는 것도 중요하다. 혹시 보험 자체가 제대로 설계되지 않았다면 나중에라도 다시 환불받을 수 있도록 관련 서류와 기록들을 잘 모아 놓아야 한다. 설계사가 적어준 내용이라든지, 말했던 내용에 대한 녹음 같은 것들을 설계사에게 고지하고 꼭 기록해두어서 잘못된 가입을 하지 않도록 잘 알아보고 체크해 진행하기 바란다.

보험, 현명하게 활용하자!

이번엔 보험 활용법에 대해서도 짚고 넘어가자. 사실 활용이라고 해도 거창한 것은 아니다. 내가 보장받고자 하는 내역에 부합하는 사건이 생겼을 때 보험 회사에 청구해서 받는 것이 보험 활용의 전부다. 만일 내가 사고로 입원했을 때, 내가 가진 보험 중 병원에 입원했을 경우 하루에 3만 원씩 받는 특약이 있으면 입원한 기간에 대한 증빙을 통해 해당 사항에 대한 보험 청구가 가능하다.

요즘에는 워낙 비대면 청구가 잘 되어 있어서 누구든지 앱이나 고객센터를 통해서 보험료 청구를 쉽게 할 수 있다. 사실 내 경우엔 무조건 앱을 통해서만 보험료 청구를 하는데, 그저 영수증 사진만 찍어서 보내는 간단한 과정만 거치면 며칠 뒤에 보험료가 들어오기 때문이다. 당연히 보장 내역을 알고 있어야지 청구할 수 있기 때문에 내가 어떤 보험을 통해 어떤 내역을 보장받고 있는지 꼭 확인을 하고 있어야 한다.

내가 보험 회사에서 근무한 경험이 있고, 근무 당시에는 큰돈을 주고 여러 보험에 가입했었다. 보험사에서 나온 이후에는 보험에 대해 객관화된 관점에서 바라볼 수 있는 입장이 되어 내게 꼭 필요한 보험만 남기고 모두 정리했는데, 그 덕분에 때때로 어떤 보험들은 보장에 비해 너무 비싼 비용을 요구한다는 것을 알게 됐다. 우리 인생에 언제 나타날지 모르는 위험에서 우리를 구제해주는 보험이지만, 보험사도 결국 이익을 추구하는 기업이기 때문에 어떻게 해서든 상품(보험)을 판매해야만 하기 때문이다.

그 때문에 나는 불투명한 위험요소 때문에 불필요한 비용을 지불하는 등 무리해가면서까지 보험을 늘려야 한다고 생각하지 않는다. 실손보험은 필수이고 중대한 질환에 대한 보험, 또 입원 일당에 대한 것만 보장해도 충분하다. 만약 내 삶에 위험률이 높다면 골절, 진단 등을 포함하는 정도도 좋다. 이렇게 보험을 설계한 후 만약 상해나 질병을 통해 병원을 가야 할 일이 생긴다면 실제 손해 비용으로 받은 보험금은 병원비로 사용하고, 진단금은 내가 병환으로 인해 소득활동이 불가능한 상황에서 내 소득을 대체해주는 존재라는 개념 정도로 생각하면 충분하다. 그래서 적장한 보험료를 본인 소득의 3~5%로 추천하는 것이다.

보험은 위험을 파는 상품이다. 이 보험을 소득 대비 많이 가입하고 있는 사람은 부자가 되기 힘들다. 반대로 이미 부자인 사람들은 부를 세습하기 위해서 상속 재원으로 종신보험을 쓰기도 한다. 그래서 내가 여유가 되는 상황이라면 비과세인 보험은 좋은 상품이 될 수도 있지만 그만큼의 여유가 안 되는 일반적인 상황이라면 이 비율을 꼭 잘 지키갈 바란다.

이미 가입한 보험, 되돌리고 싶다면?

혹시나 위의 설명들을 보고 자신의 보험을 다시 돌아봤을 때 내가 든 보험이 내게 불필요한 부분까지 보장하는, 내 소득 대비 너무 과한 보험이라 할지라도 너무 걱정하지 않아도 된다. 보험 해지를 하는 방법도 있기 때문이다. 보험에 가입하고 30일 이내라면 실제로 아무런 조건 없이 보험을 다시 해지할 수 있다. 그리고 불완전판매를 했을 시, 즉 보험사 측에서 나에게 보험에 대해 불필요한 설명 혹은 잘못된 설명을 했다면, 혹은 계약서를 주지 않았다면, 정당한 프로세스를 거치지 않았다는 것을 증명하고 3개월 이내에 보험을 철회할 수 있다.

이미 오래전에 가입한 보험이라 철회가 힘들다면 감액을 할 수도 있다. 내가 만약에 암이 발생했을 때 3,000만 원을 받을 수 있는데 지금 내는 보험료가 너무 비싸다고 가정해 보자. 그러면 3,000만 원을 1,500만 원으로 줄이고 보험료도 절반으로 줄일 수 있다.

다음으로, 배서신청에 대해서 설명을 드리려고 한다. 만약 오이를 싫어하는 사람이 피클을 든 햄버거를 주문한다고 생각해보자. 그럼 피클 때문에 그 햄버거를 포기해야 할까? 아니다. 그저 주문할 때 피클을 빼달라고 요청하면 된다. 나는 이 보험 상품 중 어느 특정한 특약 필요 없다면 '배서 신청'이라는 제도를 통해서 해당 특약을 빼버리고 그에 해당하는 보험료를 줄일 수도 있다. 만약 이를 쉽게 넘겨버리고 필요하지 않은 특약까지 포함해버린다면 그 보험료는 쌓이고 쌓여 생각보다 훨씬 큰 비용이 될 것이다. 그러니 꼭 꼼꼼히 확인해보고 나에게 맞는 보험으로 리모델링 해보길 바란다.

보험, 이렇게 가입하자

다음으로, 자신의 보험을 한번 정리해 보고 넘어가는 시간을 가져보려고 한다. 이왕 보험을 들 거라면 적용 범위가 넓어야 하고, 적용 범위가 넓으려면 보험 수식어가 최대한 없어야 한다. 보험 수식어가 적어야 한다는 건 또 무슨 이야기인지 궁금할 텐데, 쉽게 설명해보겠다.

만일 내가 상해 사망 보험을 들었다고 치자. 이는 상해, 즉 '다쳐서' 죽었을 때만 진단금을 주는 것이기 때문에 보상 범위가 확 좁아진다. 보험 이름에 기재된 '상해'라는 말은 상해로 인한 사망시 보험금을 지급해 하나의 울타리를 제공하겠다는 긍정적인 말처럼 들리지만 동시에 그 밖의 경우는 보장하지 않는다는 큰 걸림돌이 되는 것이다. 이 경우 상해가 아닌 질병으로 인한 사망은 병원에서 아파서 죽어야만 주는, 내 보험 보장 영역 밖의 좁은 범위가 되는 것이다.

이렇듯 보험은 수식어가 없는 것이 좋다. 또한 같은 값이면 보장 기간이 긴 것이 좋다. 그리고 나의 경제적 가치에 부응하는 보험을 드는 게 중요하다. 즉 내가 돈을 많이 벌면 보험료를 많이 내도 되고 적게 벌면 적게 내야 하고, 만일 나에게 딸린 입이 많으면 내가 죽거나 아파도 걱정하지 않도록 보험금이 많이 나와야 한다. 그래서 앞서 여러 차례 강조했듯 보험료란 경제적 기회비용 개념으로 봐야 한다.

그리고 또 한 가지 중요한 점은 생명보험과 손해보험을 적절히 합쳐야 한다는 것이다. 일상생활의 보장은 손해보험으로, 상속 재원 같은 종신보험은 생명보험으로 하는 것이 유리하다. 또한 보험의 목적을 분명히 해서 보장 내역을 잘 활용하고 내가 진단금을 받을 시기에는 진단금을 잘 청구하는 것도 필요하다.

안 좋은 사례는 보고 반면교사로 삼고, 좋은 사례는 선생님으로 삼는 것은 보험을 이해를 하는 데에 가장 필요한 자세이다.

보험 가입 베스트 사례를 먼저 보자. 내가 예전에 다니던 회사의 어느 상사는 양가 부모님 쪽에 다 갑상선 암 가족력이 있었다. 그래서 본인이 갑상선 암에 걸릴 확률이 높다고 생각했다. 보험은 통계학이라고 했지 않는가. 그래서 그분은 갑상선 암을 보장하는 보험을 4~5개 정도 되는 대로 가입을 했다. 갑상선 암은 상대적으로 치료가 쉽고 치료비가 적게 드는 '소액암'으로 분류되는데, 현재 보험 시장에서 소액암은 중복 가입이 어려운 편이나 당시에는 중복 가입이 가능했다. 이 이야기가 한 7, 8년 전쯤의 일이니 말이다.

그분은 그렇게 여러 갑상선 암 보험을 가입했고 불행인지 다행인지 정말 갑상선 암이 발병하게 되었다. 당시 그분이 각 보험사에서 받은 보험료를 다 합하면 대략 한 3,000, 4,000만 원 정도가 되었다. 그래서 어떻게 됐을까? 어쩌면 슬프고도 웃긴 일이지만 그 분은 집안이 주는 선물이라며 그 일가 친척들과 다 함께 해외여행을 다녀왔다고 한다. 보험이 통계와 확률로 매겨지듯, 그 분은 가능성이 높은 곳에 배팅을 해 그 대가를 얻어낸 것이다.

그렇다면 반대로 워스트 사례에는 어떤 게 있을까? 20대 간호사들이 단체로 50만 원어치 종신보험에 가입한 일이 있었다. 젊은 청년들이 저축을 해야지 왜 죽어야만 나오는 종신보험을 가입했을까? 이는 당시에 그들을 담당한 보험 설계사 때문이었다. 설계사가 종신보험에 들면 돈도 불어나고, 보험 가입자가 사망할 시 큰 금액이 지급되니 남은 가족들에게도 큰 도움이 될 것이라며 여기도 좋고 저기도 좋다는 감언이설로 꼬드겨서 어마어마한 금액의 보험을 가입을 시킨 것이다.

가입자에게 적절하지 않아 보이는 이 고액 종신보험을 추천하고 가입시킨 이유는 딱 하나였다. 설계사 입장에서 가장 수수료가 많이 나오는 상품 중의 하나가 바로 종신보험이었기 때문이다.

사실 부끄러운 이야기지만, 이는 나에게도 있었던 일이다. 실제로 나는 보험 회사에 다닐 때 종신보험이 꼭 필요한 보험이고 장점이 너무 많다는 설명을 자주 들었고, 결국 나도 그에 넘어가 가입을 했다. 내 가족을 위해서 미리 준비한 선물이라는 명목이었다.

그런데 퇴사를 하고 나니 내 돈의 기회비용이 보험에 묶이는 것이 너무 아깝다는 생각이 들었다. 그래서 바로 해지를 해버렸다. 내가 가장이 되고 자녀가 있는 상황에 자산도 여유롭게 가지고 있다면 무조건 종신보험을 가입했을 것이다. 왜냐. 내 자녀들이 조금 더 편하게 살았으면 좋겠으니까. 하지만 당시 시점에는 그 여유를 생각할 때가 아니었다. 그 자금으로 더 좋은 재테크 방법을 찾아 자산을 늘리는 게 훨씬 더 현명한 방법이었다.

비싼 보험료보다 더 무서운 건

마지막으로 딱 한 마디를 더 얹고 싶다. 주변에 '나는 보험사도 설계사도 못 믿겠고, 지금 이렇게 건강한데 굳이 헛돈 쓰고 싶지 않아서 보험은 가입 안 해'라고 말하는 사람들이 주변에 분명 있을 것이다. 그런데 그거 아는가? 보험이 무서운 이유는 당장에 보험이 필요 없는 건강한 사람들은 가입하기 쉽지만 정말 보험이 필요한, 건강하지 못한 사람은 절대 가입할 수 없는 상품이라는 것이다.

금융 수업을 하다가 보험 파트가 나오면 누구보다 집중해 열심히 듣는 사람들이 꼭 있다. 그분들은 강의가 끝나면 꼭 따로 찾아와 질문을 한다. 자신이 백혈병, 암 등에 걸렸던 이력, 수술이나 장기적인 치료를 받았던 이력 등등의 다양한 사유 때문에 가입을 거절당한다는 것이다. 그러니 보험에 가입할 수 있는 다른 방법 없을지 묻는 것이다.

슬픈 일이지만, 그런 방법은 없다. 보험 회사는 이윤을 추구하는 영리기업이다. 이런 영리기업이 뻔히 병원비가 많이 들어 보험료를 많이 내어주어야 할 것으로 보이는 아픈 사람에게 왜 보험을 가입시켜주겠는가.

누구보다 건강할 때가 넓은 보장 범위로 가장 쉽고 확실하게 보험을 가입할 수 있는 시기이다. 내가 평생 병에 안 걸릴 거라는 믿음은 정말 어리석은 생각이다. 꼭 몸이 멀쩡할 때 합리적인 과정을 통해 보험에 가입해서 내 자산의 붕괴 위험을 막는 단단한 울타리를 만들기 바란다.

30년 뒤 월급 주는 사장님, 연금_이해편

인생을 지켜주는 집을 짓는 데 있어서 보험을 통해 기반을 닦았다면 이번에는 주춧돌을 쌓는 단계인 '연금'에 대해 이야기해보자.

인생 설계 필수 6단계: ② 은퇴 설계, 연금

6단계: 상속 설계		
5단계 : 부동산 설계	3단계: 저축·투자 설계	4단계 : 세금 설계
	2단계: 은퇴 설계(연금)	
1단계: 위험 설계 (보험)		

내 인생에 찾아올 한 줄기 빛

젊은 2030 직장인의 경우 연금 준비 여부를 떠나서 연금이 얼마나 필수적이고 중요한지 잘 알지 못하는 것 같아 어떻게 이야기하면 좋을까 고민하다가 아래의 짧은 이야기를 준비했다.

한 노인이 있었다 젊을 때는 나름 돈도 많이 벌었고 30, 40년 동안 저축도 잘 해왔기 때문에 자기가 모았던 돈으로 부족하지 않은 노후를 보내고 있었다. 하지만 시간이 지남에 따라서 당연히 그 돈은 줄어들 수밖에 없었고, 본인이 하고 싶은 것들과 먹고 싶은 것들을 조금씩 자제해 나갈 수밖에 없는 상황이 되고 있었다. 점점 소극적으로 행동하게 되고 활동에 제약이 많아지던 시점쯤, 누군가 노인이 사는 집의 문을 두드렸다. 문밖의 젊은이는 이렇게 말했다.

"안녕하세요? 당신이 먹고 싶고 하고 싶은 걸 편히 하며 살 수 있도록 제가 매달 돈을 드리겠습니다. 이 돈은 매월 정해진 날마다 똑같이 드릴 테니 걱정하지 마시고 당신의 삶을 편히 즐기세요."

이 말은 들은 노인은 당연히 황당할 것이다. 이유도 없이 찾아와 매달 꼬박꼬박 돈을 주겠다니. 이해하지 못하는 노인을 두고 청년은 다시 말을 이어간다.

"나는 30년 전의 당신입니다. 당신이 열심히 즐기고 편히 살기를 바라는 마음으로 30년 전부터 꼬박꼬박 모았던 돈들이 시간을 통해 불어나면서 지금 당신이 충분히 즐기며 살아갈 수 있는 정도가 됐어요."

젊은이는 이렇게 말하고 떠나갔다. 다음 달에도 어김없이 찾아올 거라는 약속을 하고 말이다.

갑자기 나타난 젊은이가 건넨 돈, 이게 바로 연금이다. 막막했던 노인에게 한 줄기 빛이 될 소중한 돈이라는 건 느끼겠지만, 사실 30년 전의 청년이 연금 저축을 직접 실행하기까지는 쉽지 않을 것이다. 그래서 앞으로 연금에 대한 이야기를 차근차근 해 보려고 한다.

연금저축은 장기간 적립하고 거치해서 분할로 수령하는 게 기본 방법이다. 일반적으로 우리가 금융상품을 가입하고 그로 인해 이자가 발생하게 되면 15.4%의 이자 소득세를 내게 된다. 하지만 연금 이자의 경우 정부에서 세제 혜택을 받아 15.4%의 이자 소득세가 3.3% 혹은 5.5%로 낮아지게 된다. 만약 저축으로 인해 나에게 100만 원의 이자가 발생하면 원래는 15만 4,000원을 소득세로 내야 하지만 그게 연금 이자라면 3만 3,000원 혹은 5만 5,000원만 세금으로 내도록 연금 수령 시 세제 혜택이 발생하는 것이다.

소득 대비 연금 저축액을 추천하자면 그 비중은 월 소득 300만 원을 기준으로 21만 원 혹은 30만 원 즉, 소득 대비 최소 7%에서 10% 정도까지는 꼭 연금으로 저축하길 추천한다.

연금의 종류로는 연금보험과 연금저축, 그중에서도 신탁이나 증권 등 여러 가지가 정말 많다. 다만 이 글을 읽는 당신이 직장인이라는 가정하에 한 가지 단호하게 추천할 수 있는 건, 꼭 연금저축펀드를 해야 한다는 것이다.

연금저축펀드를 해야 하는 이유는, 아무런 위험 없이 우리가 얻을 수 있는 이자가 너무 낮아졌기 때문에 장기간 투자로 돈을 굴리지 않으면 사실상 긴 시간이 지나더라도 의미 있는 수익이 나기 힘들어졌기 때문이다. 그래서 수많은 연금 상품 중 연금저축펀드로 가입을 해야 한다. 이러한 연금저축펀드를 가입했다면 연금으로 발생하는 이자에 대한 소득세에서 '세제 혜택'을 받은 것에 추가로 '세액 공제'까지 받게 된다.

만약 내가 매월 일정 금액을 연금으로 저축해 총 연 600만 원을 냈다고 가정을 해 보자. 연 600만 원을 내려면 월에 50만 원 정도인데, 월에 50만 원을 내면 600만 원이라는 세금 혜택 한도를 꽉 채우게 된다. (원래는 한도가 400만 원이었지만, 2023년 개편되어 최대 600만 원으로 늘었다) 이만큼을 연금으로 저축하게 되면 이 금액의 최대 15%를 내가 냈던 세금에서 돌려 받게 된다.

400만 원에서 15%면 90만 원인데, 우리가 알고 있는 금융 상품 중 90만 원, 즉 15%를 확정적으로 받을 수 있는 상품이 어디 있는가? 그러한 혜택들 때문에 더더욱 중요하고 꼭 필요한 상품인 것이다. (만약 연봉이 5,500만 원 이상인 경우 15%보다 조금 낮은 12%의 공제 혜택을 받는다)

연금저축 세액공제

연간 총 급여	연금저축 세액공제 대상 납입액	공제율	최대 공제 가능액
5,500만 원 이하	600만 원	15%	90만 원
5,500만 원 초과		12%	72만 원

이렇듯 금융상품 중에는 최고의 혜택을 가지고 있는 게 바로 연금이다. 그럼에도 불구하고 대부분의 사회초년생은 모두 처음에는 다들 이런 생각을 했을 것이다.

'지금 쓸 돈도 부족한데 연금은 무슨…. 오늘 하루 나답게 살고 내일 죽자.'

하지만 내일이 오면 우리는 다시 또 눈을 뜨고 하루를 시작한다. 어쩌면 '나이 들어도 계속 돈 벌면 되지 무슨 연금이야'라고 생각하는 사람도 있을 거고 '내가 뭘 알아야 시도라도 하지. 나는 아무것도 모르겠는데…'라고 생각하거나 '어차피 나는 나중에 부자가 될 거니까 상관 없어' 하고 근거 없는 긍정 마인드를 가지기도 한다.

많은 이들이 여러 생각을 하면서 연금 준비를 게을리하지만 아래로 설명하는 팩트를 주목해보길 바란다.

국가별 연금 소득대체율 & 사적연금 가입율

구분	연금 소득 대체율	사적 연금 가입율
한국	39.3	24.0
독일	50.9	70.4
프랑스	60.5	-
영국	52.2	43.0
일본	57.7	50.8
미국	71.3	47.1

국내외 연구에 따르면 은퇴 이후에 생활을 유지하려면 은퇴 전 소득의 70% 수준의 속득이 있어야 한다고 한다. 예를 들어 현재 내가 생활을 유지하기 위해 매달 100만 원이 필요하다면 은퇴 후에는 70만 원이 있어야 한다는 것이다.

왼쪽의 표에서 한국의 수치는 어떠한가? 미국의 경우 연금 소득대체율이 70.1%로 연금 이외 아무런 자산이 없어도 내가 사회생활 할 때 누리던 삶의 질을 그대로 유지할 수 있는 것이다. 그에 반해 한국의 경우 연금 소득대체율이 39.3%로, 내가 사회생활 할 때 누리던 삶의 질을 절반 정도밖에 유지할 수 없는 것이다. 내가 먹고 싶었던 것들을 두 번 중에 한 번밖에 못 먹고 놀고 싶었던 것들을 두 번 중에 한 번밖에 못 논다고 보면 될 것 같다.

사적연금 가입률은 더 심각하다. 미국, 일본, 영국은 두 명 중에 한 명이 사적연금에 가입했지만 한국은 그에 비해 절반이라는 현저히 낮은 수치를 보이고 있다.

그 때문에 우리는 연금저축펀드 같은 연금 상품에 가입함으로써 은퇴 이후의 삶을 꼭 준비해야 하며, 현재는 4명 중 1명 수준인 사적연금 가입률이 두 명 중 한 명이 가입하는 수준으로 올라가야 노후 준비에 대한 문제가 국가적 위기로 불거지지 않게 된다. 은퇴 후

연금 유무의 문제가 이렇게 심각해 보이는데 왜 우리는 여태 중요성을 몰랐을까? 우리는 공부도 열심히 했고 회사도 열심히 다녔는데, 한국은 대단한 경제 강국인데, 대체 왜 이렇게 됐을까?

정답은 딱 한 가지이다. 바로 수명이다.

1950년 당시 한국 전쟁이 발발했다. 그때는 한국이 전 세계에서 가장 폐허인 국가였다. 잘 알고 있겠지만 삶의 질과 수명은 정비례한다. 때문에 당연히 전쟁이 발발하고 역병이 돌던 그 시기에는 한국의 평균 수명이 짧을 수밖에 없었다.

OECD 국가와 한국의 기대수명

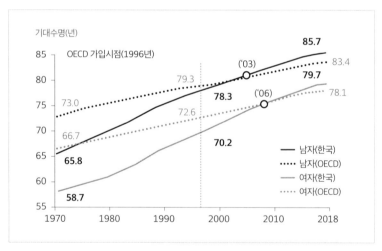

앞의 표를 보면 알 수 있듯이 1970년 당시 전쟁이 끝나고 20년이나 지난 시점인데도 불구하고 남성의 평균 수명은 58.7세 그리고 여성의 평균 수명은 65.8세였다. 하지만 그 후 50년간 평균수명이 급격히 늘어났다.

우리나라의 경제 파워라 볼 수 있는 국내총샌상 GDP가 1950년대부터 2000년대까지 놀라운 속도로 급등했다. 이렇게 우리의 경제력이 올라갔기 때문에 수명도 늘어날 수밖에 없었고 이렇게 단기간 내에 경제력이 성장한 나라가 없었기 때문에 우리는 노후 대비 문제에 대해 예상하거나 준비할 수가 없었다. 그래서 한국은 현재 노인빈곤율 1위이며 OECD 가입국 중 한국의 경우 노인빈곤율이 평균의 3배라고 한다.

인구 중 65세 이상 비율

1970년	2008년	2025년	2036년	2051년
3.1%	10.2%	20.3% 초고령사회 진입	30.5%	40.2%

2025년이 되면 5명 중 1명이 65세인 초고령사회에 진입하게 되어 정말 위험한 상황이 눈앞에 있는 것이다. 특히나 우리 부모님 세

대의 경우 정말 큰일인 게, 자신의 부모님을 부양하고 자녀까지 교육시킨 마지막 세대라는 것이다. 마지막 세대라는 건, 이제는 자원이 점점 부족하다는 걸 깨닫게 되어 각자도생할 수밖에 없는 상황이기 때문에 사실 우리도 점점 자녀들에게 교육비를 투자하지 않게 될 수도 있기 때문이다.

우리는 노후 준비금이 얼마나 필요할까? 적정 비용으로만 따지면 50대 부부의 생활비는 300만 원, 60대 은퇴 부부는 258만 원이며 퍼센트로 따지자면 아까 앞서 이야기한 것처럼 내가 사회생활에 벌던 돈의 70% 정도이다. 이 기준은 은퇴 후에도 은퇴 전과 같은 삶의 질을 똑같이 유지한다는 가정하에 계산된 것이다.

우리가 숨만 쉬고 사는 게 아니다 보니까 생활비, 경조사비, 여가비, 자기개발비 등 여러 가지 비용들이 들어가기 때문에 '노후의 우리가 노인 되면 딱히 돈 쓸 일은 없겠지'라는 편한 생각은 정말 위험한 착각일지도 모르겠다. 그리고 의료비 같은 경우는 훨씬 많이 들어갈 수밖에 없는 삶일 것이다.

여기까지 연금이 얼마나 중요한 존재인지 이야기해보았고 다음 장에서는 우리가 어떻게 은퇴 이후의 삶을 준비해야 할지 실전에 대한 이야기를 해보려 한다. 중요하다고 강조하는 만큼, 이 책을 읽는 여러분이 연금의 존재를 쉽게 넘기지 말고 그 필요성을 꼭 마음에 새기길 바란다.

30년 뒤 월급 주는 사장님, 연금_실전편

이번에는 불필요한 이야기는 모두 걷어내고 사회초년생에게 연금을 어떻게 준비해야 하는지에 대해 정말 꼭 알아야 할 부분만 이야기해보려 한다.

연금 탑을 쌓아라

다음 장에 들어간 피라미드를 보면 우리가 준비해야 할 연금들을 쉽게 확인할 수 있다. 이걸 3층 연금이라고 부르자.

우선 우리가 쌓아야 할 탑의 1층이 바로 국민연금이다. 국민연금이란 국민의 생활안전과 복지증진을 위한 최소한의 사회보장제도이며 내가 회사에 다닌다면 회사가 자동으로 내주는 연금이다. 국민연금은 내가 절반, 회사가 절반 내게 되는데 가입 기간을 30, 40년 정도를 기준으로 잡으면 이후 내 은퇴 후 소득대체율 중 국민연금이 전체의 40% 정도를 차지하게 된다.

앞선 챕터에서 고정 소득이 있던 때에 비해 은퇴할 경우 소득대체율이 몇 퍼센트나 필요하다고 했는지 기억나는가? 바로 70%다. 우리에게 필요한 70% 중 국민연금을 통해 40%를 채울 수 있는 것이다.

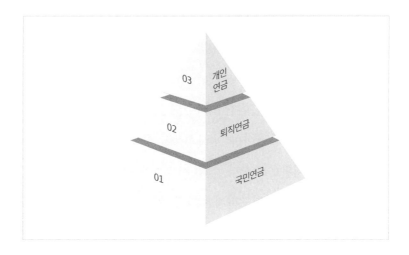

그리고 다음으로 쌓을 2층이 퇴직연금이다. 국민연금이 지반을 다지는 기초공사였다면 두 번째 퇴직연금은 외장 공사라고 생각하면 쉽다.

2022년부터 모든 5인 이하의 사업장이 퇴직금을 퇴직연금으로 일괄 지급해야 되는 게 법으로 개정이 되었다. 이미 대기업들은 대부분 퇴직연금제도를 운영하고 있지만 사실 퇴직금이 처음부터 퇴직연금의 형태였던 것은 아니다.

이렇게 퇴직금 지급 형태가 바뀐 이유는 단순하다. 일시금으로 퇴직금(목돈)을 받은 퇴직자들은 주로 다 창업을 했다. (퇴직금 제도가 우리나라 치킨공화국 건국의 일등공신이라는 우스갯소리도 있다) 퇴직금을 모두 투자한 그 창업의 결과가 좋았다면 다행이었겠지만 그 또한 쉽지 않았고 정부 입장에서는 노후 자금으로 쓰여야 할 퇴직금이 창업 실패로 인해 손실이 생기는 것을 안전성이 매우 떨어진다고 판단했다. 그래서 일괄적으로 분납해 수령할 수 있도록 방법을 개편했고 지금의 퇴직 연금 제도가 만들어진 것이다.

사회초년생들의 경우 아마 첫 사회생활 시작부터 퇴직연금에 가입해서 비용을 내왔을 것이다. 그런 사람들에 한해서는 은퇴 후 내 소득대체율이 15~20% 정도까지 추가로 채워졌다고 보면 된다.

국민연금과 퇴직연금. 여기까지가 내가 신경 쓰지 않아도 회사가 직접 그리고 회사 월급에서 회사가 대신 내주는 돈이다. 마지막으로 피라미드의 제일 꼭대기에 있는 게 바로 개인연금이다. 이 개인연금은 내가 직접 의지를 가지고 따로 가입해야 되는 연금이다. 그렇다면 이미 우리에게 두 개의 연금이 있는데도 연금을 추가로 가입해야 하는 이유는 무엇일까?

앞서 언급한 국민연금과 퇴직연금 이 2개만으로는 노후 소득대체율이 55%에서 60% 정도밖에 안 된다. 우리가 지금 벌고 있는 돈의 60%밖에 연금으로 대체가 되지 않는다는 것이다. 그래서 우리는 소득대체율 70% 중 나머지 부족한 10% 정도의 금액을 개인연금을 통해서 채워야만 하는 것이다.

국민연금과 퇴직연금이 각각 기초공사와 외장공사였다면 어쩌면 이 개인연금을 통해 준비하는 노후 자금은 '인테리어'라고 볼 수도 있을 것이다. 예를 들어, 우리가 코로나로 '집콕' 생활을 했을 때를 떠올려보자. 외부 활동이 줄어들자 많은 사람들이 자신의 방을 취미 생활이나 먹고 마시고 즐길 거리들로 가득 채우기 시작했던 것처럼 연금을 통해 내 노후의 삶에 내가 원하는 방향대로 엣지를 넣는 인테리어가 되는 것이다.

인테리어가 없어도 우리는 최소한의 의식주를 해결할 수 있지만 노후의 긴긴날을 의식주만 간간히 해결하며 살아갈 수는 없지 않은가.

만약 여러분이 2023 사회초년생이라면 아직은 먼 이야기일 수도 있겠지만 그래도 3층까지의 연금 탑을 계획하거나 준비 중이라면 3층 이후에 추가로 준비할 수 있는 연금 상품을 더 추천해 보고자 한다.

연금 종류	특징
5층 연금보험	· 투자성향, 은퇴 후 니즈에 따라 다양한 상품 설계 가능 · 5년납 이상 10년 유지 시 이자소득 평생 비과세 · 100세 보장 가능, 보장 특약 부가 가능
4층 주택연금	· 부부 모두 만 60세 이상 시가 9억 원 이하 1주택 · 평생 거주 평생 지급(사망시 배우자 수령) · 주택가격 하락시 대출금 부족분 미청구
3층 연금저축	· 5년 이상 납입+55세 이후+10년 이상 수령 · 연 400만 원까지 소득공제, 연 1,200만 원까지 분리과세 · 장기투자 효과(중간이자소득 비과세)
2층 퇴직연금	· 연금소득 인정조건(55세 이후 10년 이상 수령) · 노후 소득 기능 강화(이직 시 IRP로 퇴직금 운용) · DC(확정이여형)일 경우 본인 투자 성향 반영 가능
1층 국민연금	· 의무 강제 가입, 종신 연금 지급 · 출생연도에 따라 만 61~65세 연금 수령 · 실질 가치 보장(매년 물가 반영 연금액 상승)

추가된 4층과 5층을 살펴보자. 우리가 만약에 집을 가지게 된다고 하면 장기적으로 그 집을 정부에 맡기고 연금소득을 수령할 수 있는 주택 연금제도라는 게 있다. 또 보험사에서 가입하는 연금보험으로 비과세 상품, 즉 세금을 내지 않는 상품도 따로 있다. 사회 초년생에게 당장에 가입하라고 추천하진 않겠지만 주택연금과 연금보험도 눈여겨보고 나의 은퇴 후 건강한 삶을 위해 언젠가 다시 한번 고려해보길 바란다.

3층 연금 탑: 1층 국민연금

다시 한번 3층 연금 탑으로 돌아가자. 우선 각각 층에 대한 이야기를 한번 자세하게 설명을 하고 넘어가려고 한다. 첫 번째가 바로 국민연금이다.

국민연금에는 다섯 가지의 특징이 있다. 사실은 제일 중요한 건 국가가 운영한다는 것이다. 다시 말해 안정성이 담보된다는 것이다. 국가가 운영하기 때문에 사기업과 달리 절대 돈이 갑자기 사라지거나 사기를 당할 일이 없다. 더불어 물가 상승률을 계속 반영한다는 장점이 있다. 또 한 가지 장점은 내가 죽을 때까지 지급이 된다는 것이다. 그리고 장애나 유족 발생 시에 그 부분에 대한 보상을 연금으로 수령할 수도 있다.

또 한 가지 특징은 크레딧 제도이다. 사회에 기여를 한 기간이 있거나 군 복무나 혹은 출산을 했거나 이민을 가는 등 내가 어떤 불가피한 일로 연금을 내지 못하는 상황이 있다고 하면 다시 돌아와서 연금을 이어서 낼 수 있다. 내고 나중에 그 연금에 대한 부분을 당연히 노후 지급으로 받아 갈 수가 있다.

국가가 운영하는 연금이기 때문에 일반 보험사보다도 당연히 수수료도 적은 데다가 앞서 설명한 것처럼 죽을 때까지 내가 낸 돈을 나눠서 주기 때문에 설령 내가 다른 사적 연금을 가입한다고 해도 우선 국민연금을 꾸준하게 내는 게 가장 필수적으로 해야 하는 일이다.

여기까지가 국민연금에 대한 설명이었다. 설명한 내용 중 우리가 무엇을 기억해야 한다거나 당장에 무엇을 더 해야하는 건 아니다. 그냥 정해진 국민연금을 잘 내고 혹시나 국민연금 안 냈다고 통지서가 날아오면 그때 추가로 보충해서 더 내기만 하면 된다.

3층 연금 탑: 2층 퇴직연금

퇴직연금에는 세 가지 종류가 있다. DB, DC, IRP이다.

	DB(확정급여형)	DC(확정기여형)	IRP(개인형)
특징	퇴직시 근 3개월 월평균 임금 × 근속연수 ≤ DB형 퇴직연금	매년 퇴직연금 계좌에 한 달치 임금 지급하여 근로자가 직접 운용	근로자의 퇴직금을 DB, DC에 가입했어도 추가 납입 가능한 계좌
장점	정해진 퇴직급여, 장기 근속자 유리	높은 기대수익률, 퇴직금 수령 불안 X	자유로운 운영, 과세유보, 세제효과
단점	추가적인 수익 없음	계정 운영에 따른 위험률	단기간 내 해지 시 불이익

DB와 DC는 회사가 퇴직연금을 어떻게 지급하는지 방법에 따른 구분인데 첫 번째 DB는 우리가 통상적으로 아는 가장 기본적인 퇴직금 지급 형태이다. 퇴직 시점의 월급에 근속 연수를 곱해서 확정된 금액을 주는 것이다. 만약에 내가 퇴직 시점의 한 달 급여가 250만 원이라고 하고 총 3년을 일했다면 퇴직 시점에 만 3년에 대한 3개월 치 급여인 750만 원을 받게 되는 것이다. 그렇게 퇴직금을 지급하는 게 바로 DB이다. 다만 이 방식은 확정급여형이기 때문에 추가적인 수익이 나지는 않는다.

그렇다면 확정기여형인 DC를 살펴보자. 여기에선 이 '기여'라는 말이 중요하다. 내가 뭔가 기여할 수 있다는 뜻이지 않은가. 매년 기업이 한 달 치 월급을 나의 퇴직 계좌에 넣어주면 그것을 주식 혹은 ETF 같은 투자자산으로 내가 직접 운용할 수 있는 방식이다. 그래서 원금 이상의 수익을 낼 수 있지만 아쉽게도 원금이 보장되는 것은 아니다.

투자는 당연히 '하이 리스크 하이 리턴'이기 때문에 수익이 날 수도 있고 손실이 날 수도 있지만 좋은 수익을 낼 수 있는 매니저를 만나거나 혹은 내가 투자 공부를 한다면 확정급여보다 훨씬 더 높은 연금을 수령할 수 있게 된다.

그리고 퇴직연금의 마지막 종류인 IRP 방식을 보자. IRP란 Individual Retirement Pension이라고 해서 '개인적으로 준비하는 은퇴 연금'이라고 보면 된다.

앞서 연금저축에 대해 설명할 때, 세제 혜택이 그 어떤 금융 상품의 수익률보다 좋다고 말했다. 연금저축으로 세제 혜택을 받을 수 있는 최고 금액인 연 600만 원으로 총 90만 원의 세금 공제 혜택을 받을 수 있다고 설명했는데, IRP를 통해 최대 연 300만 원까지 연금저축과 동일한 15%의 공제율로 총 45만 원의 세금을 추가로 공제

받을 수 있다.

만일 연금저축까지 충분히 준비했고 거기에 더해 IRP로 연금을 조금 더 준비하고 싶다는 사람들은 총 900만 원의 연금 저축액으로 최대 135만 원가량의 세금을 공제받을 수 있다.

하지만 당연히 IRP는 연금저축에 매월 50만 원 즉 연간 600만 원을 넘으시는 사람들이 추가로 가입을 고려하면 되는 상품이다. 혹시나 여러분들 중 사회초년생인데 연금저축과 IRP를 다 가지고 있는 분이 있다면 정말 칭찬하고 싶다. 당신의 노후는 지금보다 더 부유할 것이다.

3층 연금 탑: 3층 개인연금

마지막으로 3층. 개인연금이라 국가나 고용주가 아닌 내 스스로 준비해야 하는 상품이다. 이번 챕터를 시작하며 설명한 내용을 기억해보자. 연금의 종류에는 연금보험과 연금저축이 있고 연금저축 중에서도 신탁, 펀드 등 종류가 너무 많다. 그럼 이 많은 것들 중 우리는 무엇을 해야 할까?

개인연금의 종류

	연금저축신탁	연금저축펀드	연금저축보험
원금손실 위험	없음(예금자보호)	있음	없음(예금자보호)
적용 수익률	실적배당	실적배당	공시이율
납입금액 및시기	자유납	자유납	정해진 기간동안 납부
연금 수령 기간	10년 이상 확정 기간	10년 이상 확정 기간	10년 이상 확정 기간 또는 종신형(생명보험 회사)

　이에 대한 대답은 누구 하나의 주관이 아니라, 재테크나 경제에 관련된 어느 정제된 좋은 콘텐츠나 금융전문가의 이야기를 들어도 모두 동일할 것이다. 아직 젊은 사람들은 무조건 투자, 즉 연금저축펀드로 연금을 운영해야 한다. 펀드로 연금을 운영해서 이 길고 긴 투자 과정이 지나 돈이 크게 불어날 수 있게 해야 하는 것이다.

　물론 투자를 하다가 손실이 날 수도 있다. 다만 연금, 저축, 보험 같은 경우는 정해진 기간 동안 계속 꾸준히 일정 금액을 내야 하는데 연금저축펀드는 혹시라도 내가 상황이 안 되는 경우에는 잠깐 납입을 멈출 수 있다는 장점이 있다. 아직 자산이 안정적이지 않은 사회초년생들에게 이는 큰 장점이 된다.

　연금저축신탁은 연금저축펀드와 유사해보이는데 여기에 원금

손실 위험도 없다니 너무나 좋은 상품처럼 보이는데. 다만 아주 큰 단점이 하나 있다. 이자가 너무 작다는 것이다. 그래서 이자가 작은 신탁과 수수료가 큰 연금저축보험은 추천하고 싶지 않다.

장기적으로 보았을 때, 2030 사회초년생들에게는 '긴 시간'이라는 아주 강력한 무기가 있다. 그렇기 때문에 나는 꼭 연금저축펀드가 답이 되어야 된다고 말하고 싶다. 이렇게까지 강조하는 이유가 궁금할 텐데, 아래의 이야기를 들으면 아마 머릿속에 의문이 조금 지워질지 모르겠다.

여태껏 한국에는 몇 번의 금융위기가 닥쳐왔다. 인터넷 분야가 성장하며 1995부터 인터넷 관련 분야 주식 시장에 거품이 끼면서 발생한 경제 위기였던 닷컴 버블(IT 버블)부터 IMF 외환위기, 2008년 서브프라임 모기지까지, 우리는 시대를 지나며 수많은 위기를 반복적으로 만나고 있다. 그 위기라는 건 뒤로 한 발짝 떨어져 보면 생각보다 괜찮은 경우가 많다. 뭐가 괜찮냐는 뜻이냐 하면, 시장엔 아무리 큰 충격이 있어도 고점에서 떨어지기 전부터 하락 후 다시 고점으로 돌아오기까지 길어도 2, 3년이 넘지 않다는 사실이다. 내가 2, 3년 내에 쓸 돈이 아니라고 하면 차라리 투자로 자산을 굴리는 게 오히려 손해 대신 이익이 생길 수 있다는 것이다.

재테크나 주식에 조금이라도 관심이 있는 사람이라면 'S&P500'이라는 말을 들어봤을 것이다. 이는 미국의 신용평가 회사인 스탠더드앤드푸어스에서 개발한 주가지수로 테슬라나 애플, 넷플릭스나 쿠팡처럼 하나의 주식 종목이 아닌, 나스닥과 뉴욕증권거래소와 상장된 미국 500대 기업의 시가총액을 나타내는 주가지수이다. 이 S&P500는 지난 10년간 주가가 세 배 올랐다. 대표적으로 추려진 500개 기업에 투자만 해도 10년 만에 세 배가 되는 것이다.

이 세 배라는 수치가 어느 정도로 큰 숫자인지 쉽게 비교할 수 있는 하나의 예시를 들어보겠다. 우리에게 비교적 쉽고 친근한 존재인 예·적금 통장을 생각해보자. 이 예·적금 통장에 내 돈을 묶어두고 있다면 약 40년 후에야 (혹은 금리가 더 낮아진다면) 거의 100년은 되어야 돈이 겨우 두 배가 된다. 과연 40년 만에 자산이 두 배가 되었다는 게 의미가 있을까? 물가상승률을 고려한다면 자산은 늘어난 게 아니라 오히려 훨씬 더 작은 가치로 줄어든 것이나 다름없다.

단기적으로는 위험부담이 있을지라도 장기적으로는 큰 상승을 도모할 수 있는 투자 시장에 돈을 넣는 게 여러분들에게는 가장 합리적인 선택이 아닐까 싶다.

투자란, 어떤 관점으로 보냐에 따라서 절대 위험하지 않을 수 있다. 그리고 어떤 포트폴리오를 가져가느냐에 따라서 안전하게 수익을 낼 수 있다. 그렇기 때문에 '시간'이라는 자산을 가진 우리들은 니래를 길게 보고 투자 시장에서 시간과 돈을 굴려야 된다는 이야기를 하고 싶다. 그리고 이 시장에서 제일 가장 핵심적인 부분은 '긴 시간'을 통해서 굴려야 된다는 부분인데 왜 그런지 마지막으로 한번 장표를 보고 마무리하도록 하겠다.

돈은 시간이 굴린다

	기본	원금 2배	이자 2배	시간 2배
원금	1,000만 원	2,000만 원	1,000만 원	1,000만 원
이자율 (연복리)	10%	10%	20%	10%
시간	10년	10년	10년	20년
미래 금액	2,253만 원	4,505만 원	4,774만 원	5,074만 원

1,000만 원이라는 돈을 10년간 10%의 이자를 받으며 굴린다고 가정해보고, 여기에 원금, 이자, 시간 항목에 하나씩 변수를 줘보겠

다. 하나는 원금을 2배, 하나는 이자를 2배로 줬고 하나는 시간을 2배로 줬다. 어떤 게 돈이 가장 커졌을까? 맥락상으로도 사실 답은 나와 있지만 원금을 2배 했을 때는 4,505만 원, 이자를 2배 하면 4,774만 원이고 시간을 2배 하면 5,074만 원이 된다. 거듭 말했지만 결국 돈을 굴리는 건 시간이다. 시간을 가졌다면 세상 부러울 게 없다.

무한정 늘어날 수 있는 잠재력를 갖고 있는 '시간'이 여러분에게는 있기 때문에 더더욱 지금 바로 연금을 시작해야 한다. 지금 이 연금에 대한 필요성을 가볍게 여기는 누군가는 노후자금이 필요한 시점에 빚을 질 수밖에 없을 것이고 지금 이 필요성을 느끼고 연금을 준비하기 시작한 분은 빛나는 미래를 만들 수 있을지 모르겠다. 그러니 꼭 시간의 힘을 내팽개치지 말고 지금 당장 자신의 안락한 노후를 위해 연금을 시작하기 바란다.

티끌이 태산 되는 예·적금 통장의 비밀

드디어 본격적으로 저축·투자에 대해 이야기해 볼 시간이다. 가볍게 시작하기 위해서 이번 챕터는 우리가 부담 없이 만날 수 있는 금융상품들에 대한 이야기를 해보고자 한다.

인생 설계 필수 6단계: ③ 저축·투자 설계

6단계: 상속 설계		
5단계 : 부동산 설계	3단계: 저축·투자 설계	4단계 : 세금 설계
	2단계: 은퇴 설계(연금)	
1단계: 위험 설계 (보험)		

저축·투자의 기본

첫 번째, 저축·추자의 가장 기본이 되는 건 모든 돈이 들어오고 나가는 통장 즉, 월급 통장이다. 주거래통장이라고도 하는데, 간단히 설명하자면 금융거래의 가장 기본이 되는 통장이다. 월급 통장에 대한 어떤 부분을 설명할까 하다가 몇 가지 팁을 준비해 보았다.

일반적으로 월급 통장, 급여 통장, 주거래통장은 기본적인 수시 입출금 통장이라고 하는데 사실상 혜택은 거의 없다고 보면 된다. 금융 거래 기관과 반복적으로 거래를 하기 때문에 대출받을 때 우대금리 혹은 적금을 들 때 우대금리 정도 받을 수 있다. 그리고 우리가 돈을 이체할 때 수수료를 면제해 주는 혜택 정도가 있다.

이 수시 입출금 통장에 어느 정도의 자산을 두는 게 좋을지에 대한 추천 비중은 따로 없으니 자신에게 맞는 대로 편히 사용하면 된다. 수시 입출금 통장을 어느 은행사의 어느 상품으로 고르는 게 좋을지 추천하자면, 자신의 회사가 제휴한 곳 혹은 내 집 혹은 회사의 동선상에 있는 접근이 편리한 곳이 좋다.

회사가 제휴한 곳, 이게 무슨 뜻일까? 나는 원래 주거래통장으로 사용하던 다른 은행이 있었는데, 회사에서 무조건 특정 은행의 계좌를 급여 통장으로 사용해야 한다고 한 적이 있다. 어릴 때는 무슨 심오한 사정이 있나 싶었는데 알고 보니 회사가 그 은행에 대출이 있어 자사 직원들은 모두 해당 은행을 주거래통장으로 사용해야 하는 상황이었다. 하지만 요즘은 유통 마진이 적은 인터넷 은행들도 워낙 많이 생기고 있다 보니 앞서 말한 것처럼 특별한 사유가 있는 게 아니고 굳이 기존 은행들을 고집할 이유가 없다면 수수료 면제 혜택이나 금리 상향 정도에 따라 자신의 주거래 은행을 고르는 것도 방법이다.

한 가지 더 팁을 주자면, 주거래은행의 수수료 면제 혜택이다. 내가 급여를 이체받는 통장 하나만 주거래통장으로 만들 수 있는 게 아니다. 은행마다 다르긴 하겠지만 정기적으로 50만 원이 이체됐던 기록이 있으면 수수료 면제 혜택을 받을 수 있다.

나 같은 경우는 매달 월급이 들어오면 또 다른 통장으로 매월 50만 원씩 정기적인 자동이체를 걸어서 월급통장으로 설정해두었고, 이 2개의 월급통장을 활용해서 수수료 면제를 받기도 한다. 별거 아닌 것 같아 보이지만 티끌 모아 태산이 되는 법이다. 이런 소소한 팁들을 알아두면 조금 더 스마트한 금융 생활을 이어 나갈 수 있다.

티끌 모아 태산, 예·적금

앞서 말한 대로 직장인의 재테크는 '티끌 모아 태산'이다. 모든 위대한 것들은 작은 티끌로 시작하기 마련이다. 그리고 금융 생활에서 그 티끌이 시작되는 장소는 바로 예·적금이다.

예·적금이란 기본적으로 확정금리에 정해진 기간 동안 돈이 들어와 있으면 이자를 받는 상품이라고 보면 된다. 추천 비중을 제안하기에는 모두에게 중용할 수 있는 기준이 딱 정해져 있는 게 아니다보니, 내가 단기적·확정적으로 써야 할 지출이 얼마인지를 고려해 구성하면 된다.

앞선 챕터에서 연금에 대해 이야기할 때, 금융위기 속에서도 투자를 해도 되는 이유를 설명했다. 금융위기로 인해 내가 가진 주식이 떨어지거나 경제가 흔들려도 3년 안에 금융위기 전에 달성한 고점으로 다시 돌아서 넘어간다는 사실 말이다. 사실 이 때문에 예·적금을 활용해야 하는 기준이 더욱 분명해진다.

내가 아무리 투자에 자신이 있고 의욕이 넘친다 해도 3년 이내 써야 할 단기 목적 자금은 예·적금같이 안전한 상품으로 굴려야 한다. 예를 들어 자신의 모든 자금을 주식으로 굴린다거나, 다음 주에 대출 상환을 앞두고 있으면서 그 상환금으로 재테크를 하는 등의 사람들에게 나는 이런 조언을 한다.

"다음 달 혹은 올해, 아무리 못해도 내년 말까지 써야 할 돈은 주식에 넣지 마. 만일 그 안에 그 돈에 손실이 생기면 어떻게 감당하고 해결할 거야. 급한 대로 대출을 알아본 대도 대출 승인이 안 나면 어떡할 건데?"

이렇게 하나둘 위험 요소가 쌓이기 시작하면 목돈을 모으기는커녕 현상 유지조차 힘들어진다. 추자한 초기 자본보다 훨씬 줄어든 상태에서 울며 겨자 먹기로 손절해 급한 불을 끄는 슬픈 상황이 올 수도 있다. 그 때문에 단기간에 사용 예정이 있는 안정 자금을 모을 때는 꼭 예·적금으로 묶어두어야 한다.

예·적금 상품들 중 어느 상품을 가입하는 게 좋을지 추천해 보자면 자신이 사용하는 주거래은행이나 특판 등을 눈여겨보길 바란다. 예를 들면 이런 경우가 있다. 가끔 보다 보면 시중 금리보다 확연히 높은 6~7%짜리 적금을 만들어주는 특판 상품 나오는 경우가 있다. 내가 사용하지 않는 은행이더라도 높은 금리에 끌려 새로운 은행에서 적금통장을 개설하고 뿌듯한 기분을 느끼기도 할 텐데, 사실 이런 특판 상품은 철저한 미끼 상품이다.

피곤한 태도일 수도 있지만 금융 시장은 철저히 음모론적인 시각으로 바라보면 살면서 크게 뒷통수 맞을 일은 없게 된다. 무슨 말이냐 하면, 우리가 금리 6~7%짜리 적금을 가입해도 대부분 최대 납입금 한도가 20만 원밖에 안 된다. 그러면 거기에서 낼 수 있는 이자는 고작 5~6만 원밖에 안 되는 것이다. 아무리 열심히 돈을 넣어봤자 그저 은행에 새로운 손님을 채우기 위한 미끼 상품에 불과하니, 굳이 특판 상품을 찾아다닐 필요는 없다고 본다. 물론 이는 주관적인 의견이니 조금이라도 더 높은 이자를 위해 발품을 팔아서라도 특판 상품을 찾아 가입하는 것을 말리지는 않는다. 다만 우리가 6~7%라는 금리에 너무 큰 기대는 하지 않는 편이 좋겠다는 거다.

은행 예·적금 상품 간의 금리나 조건들을 비교하는 것도 사실 번거로운 일인데, 이를 위해 몇 가지 금융 앱을 추천한다. 바로 '금융상품다모아'와 '핀다'인데, 해당 앱을 통해 수많은 금융 상품의 금리, 대출금리, 적금금리, 예·적금 금리를 다 확인하고 비교할 수 있으니 이곳저곳 직접 금리를 비교하느라 발품 파는 아까운 시간을 절약해보면 좋겠다.

예금과 적금은 왜 이자가 다를까?

그리고 꼭 하고 싶었던 이야기는 예·적금 이자가 왜 다른가에 대한 부분이다. 예금은 우리가 목돈을 넣어두고 이자를 받는 방식이고 적금은 매월 조금씩 정해진 돈을 넣고 만기 시점에 이자가 나오는 방식이다.

예금은 이자가 2%인데 적금은 2.5%를 주는 상품이 있다고 해보자. 예금보다 적금 금리가 더 높으니 적금을 드는 게 더 유리할까? 만일 당신에게 이미 목돈이 있다면 굳이 그 돈을 매달 쪼개 2.5% 금리의 적금을 가입하는 건 어리석은 일이다.

쉽게 예시를 하나 들어보자면, 여기 군입대를 앞둔 12명의 사람이 있다고 해보자. 첫 번째 케이스는 12명이 한날 한시에 입대해 12개월 후에 만기 전역을 하고, 두 번째 케이스는 한 달에 한 명씩 입대를 하고 12개월 후에 모두 동시에 전역을 한다. 그렇다면 이 1, 2번 케이스의 평균 복무 기간은 몇 개월일까? 첫 번째 케이스의 전체 평균 복무 기간은 1년이고, 두 번째 케이스의 평균 복무 기간은 6개월이다. 딱 절반인 것이다. 앞서 돈을 굴리는 건 바로 '시간'이라고 했다. 사실상 적금이 예금에 비해 이 시간의 영향을 절반밖에 받지 못하는 것이니 차이가 생길 수밖에 없다.

돈을 넣으면 이자를 주는 통장에 큰돈을 꽉 채워서 넣는 것과 그 돈의 절반 만큼에 대한 이자만 받는 것, 이것이 예금과 적금의 차이다. 그 때문에 굳이 내가 목돈이 있다면 이자가 조금 낮더라도 그냥 당연히 예금으로 넣는 게 맞다

만일 내게 당장 목돈은 없지만 매달 들어오는 월급 중 30만 원씩 여유 자금으로 남는다면 당연히 그건 적금으로 넣는 게 낫다.

예금과 적금의 이자를 살펴볼 때에는 단순히 숫자만 비교하지 말고 이런 차이가 있다는 점을 알아두길 바란다.

CMA 파킹통장

마지막으로 소개할 상품은 CMA 파킹통장이다. CMA는 Cash Management Account라고 해서 현금흐름 관리 계좌라고 보면 된다. 예전에는 현금흐름을 관리하는 상품인 CMA라는 대표적인 상품이 있었지만 내 경우엔 CMA라는 이름 대신 '파킹통장'이라고 부

른다. 왜냐하면 단기간 내에 돈을 거치하면서 이자를 낼 수 있는 상품이라면 모두 다 파킹통장의 역할을 할 수 있기 때문이다.

반대로 말하면 증권사에서 만들 수 있는 이 CMA 상품 같은 경우는 매일매일 이자가 붙긴 하지만 그 이자가 매우 적고 반대로 내가 돈을 이체할 때는 수수료를 내는 경우도 발생한다. 그래서 CMA보다 추천하고자 하는 건 인터넷 은행에서 만드는 수시입출금통장이다. 한 달이든 몇 개월이든 내가 기간을 정해 놓고 그 기간을 채워서 돈을 보관하기만 하면 짧게라도 이자를 받을 수 있다.

이 파킹통장의 가장 큰 목적은 언제든지 입출금 가능한 내 비상자금들로 짧게라도 이자를 받는 것이다. 그리고 가능하면 작은 수수료라도 떼이지 않는 게 좋다. 원래는 증권사에서만 내던 이 CMA가 하던 역할을 이제는 인터넷 은행이나 제2금융권, 상호저축은행 같은 곳에서도 파킹통장이라는 이름으로 높은 금리 혜택을 주고 있는 상품들이 많이 만들어지고 있다.

그러면 내 자산 중 이 상품들에 넣어두면 좋을 비중은 어떻게 될까. 내가 추천하는 비중은 월급의 두세 배 정도다. 왜냐하면 파킹통장 상품 자체의 목적이 바로 유동성에 있기 때문이다. 만일 우리에게 갑자기 예상할 수 없는 상황이 벌어졌을 때, 적금이나 투자에 묶여 있는 것은 사용할 수 없는 상태에서 생활비로 매달 사용해야 하는 최소 금액이 있을 텐데 그 여유 자금을 만들어두는 것이다.

파킹통장은 앞서 설명한 예금저축이나 IRP와 달리 세금 혜택은 따로 없지만 단기간에 조금씩이라도 이자를 받을 수 있고 내가 원할 때 언제든 바로 꺼내 쓸 수 있다는 분명한 장점이 있다. 만일 내가 다니던 직장에서 퇴사를 하고 이직을 한다고 했을 때 그 기간이 최소 3개월은 걸린다거나 갑자기 건강에 문제가 생겨 급히 500~600만 원의 돈이 필요하다면 그때 파킹통장에 넣어두었던 자금을 꺼내 사용하면 된다. 아직 만기 되지 않은 적금이나 투자처에서 손해를 봐 가며 급전을 꺼내쓰는 일이 없게 하는 것이다.

여기까지, 경제적 자유를 위한 첫 걸음이 되는 저축의 가장 기본 사항인 급여통장과 예·적금, 그리고 CMA 파킹통장에 대해 알아보았다. 눈에 띄는 수익을 내는 상품들은 아니지만 그 목적과 활용 방법에 대해 알지 못한다면 티끌 모아 태산은커녕 그 티끌조차 모을 수 없기 때문에 여기에서 설명한 내용들을 꼭 잘 이해하고 넘어가길 바란다.

내 집 마련의 꿈, 아직 포기하지 않았다면

이전 챕터에서 다루었던 CMA 파킹통장, 급여통장, 예·적금보다는 조금 더 복잡할 수 있지만 우리에게 보다 더 큰 결과를 가져올 수 상품을 소개해보려 한다.

내 집 마련의 꿈을 이뤄줄 청약통장

첫 번째로 소개할 건 바로 청약통장이다. 이 청약통장이라는 건 내 집을 마련을 위한 번호표이다. 이게 무슨 말인지 차근차근 설명해보겠다.

만일 어떤 좋은 집이나 물건이 매물로 나와 구매자를 찾는다고 해보자. 그러면 모든 사람들에게 이 좋은 집과 물건을 살 수 있는 공평한 기회를 주고 차례로 줄을 세워서 가장 먼저 줄을 선 사람에게 기회를 주어 물건을 사게 해주면 될까? 그렇게 된다면 참 좋겠지만 현실은 그렇지 않다. 가장 돈이 많은 사람이 그 좋은 물건과 집을 가지게 될 것이다.

이렇게 하면 결국 돈 많은 사람만 집을 살 수 있고 돈 없는 사람은 집 없이 전세나 월세를 전전하며 살 수밖에 없다. 그래서 정부가 나서서 집을 살 수 있는 기회를 부여한 번호표를 만든 것이 바로 청약통장이다. 기본적으로 내가 이 청약 권리를 행사하기 전까지는 이 돈은 계속 굴러가야 하기 때문에 묻지도 따지지도 말고 매달 10만 원씩 금액을 통장에 넣어야 한다.

청약 통장에 매달 납부할 수 있는 금액은 최소 2만 원에서 최대 50만 원인데 10만 원을 추천하는 이유는 딱 10만 원까지가 국가에서 지정한 납입 인정 금액이기 때문이다.

주택청약종합저축

1) 가입 대상

국내 거주자인 개인

* 연령, 자격제한에 관계없이 누구나 가입 가능

2) 적립 방법

매월 2만 원 이상 50만 원 이내로 자유롭게 납입

현재 2023년의 청약통장 금리는 2.1%인데, 내년부터 주택청약 저축의 금리가 인상되어 2.8%의 금리가 적용된다. 청약이란 상품은 정부가 국민의 주거 문제 해결을 위해 나서서 만든 것이라서 누구나 다 청약 통장을 하나씩 만들 수 있다. 때문에 주거 안정을 위해 청약을 장려하고 세액 공제 혜택까지 준다.

앞서 매달 납입하는 금액을 10만 원으로 추천했는데, 10만 원 이상은 청약시 인정이 되지 않는데도 그 이상을 납입하는 경우도 있다. 바로 청약 통장의 세액 공제 혜택 때문이다.

무주택 세대주이면서 총급여액이 7,000만 원 이하인 근로소득자는 주택청약통장을 개설해 일정 금액을 납입하면 세액 공제 혜택을 받을 수 있다. 납입액의 40%를 근로소득에서 공제하는 건데, 그 한도가 원래는 연 240만 원이었지만 2023년 세법 개정안이 발표되며 내년부터 납입 한도가 60만 원 늘어 총 300만 원까지 공제가 가능해졌다. 만일 월 25만 원씩 청약통장에 납입한다면 1년 동안 납입한 300만 원 중 40%인 120만 원에 대한 소득세가 공제되는 것이다.

그러니 아직 주택청약통장이 없다면 당장에 청약 신청을 할 일이 없다고 해도, 무조건 개설하길 바란다. 만약 청약을 통해 주택을 구하고자 한다면 정부에서 보급하는 LH, SH 같은 청약센터 사이트에 접속해 공공분양을 노려보아도 좋고 혹은 민간분양을 원할 경우 청약통장을 활용하면 된다.

청약 신청 시 자신에게 해당하는 가산점을 확인하고자 한다면 청약 365라는 사이트를 통해 확인해 보길 추천한다.

청년우대형 청약통장

청년우대형 주택청약종합저축

1) 혜택

· 최대 금리 4.3%(변동금리)

· 납입액의 40%에 해당하는 금액 300만 원 한도 내에서 소득
공제

· 가입 기간 2년 이상일 경우 최대 10년의 이자 소득에 대해
500만 원 한도 비과세

2) 가입조건

① 나이

만 19세 이상부터 만 34세 이하

* 병역증명서에 의한 병역 이행기간이 증명되는 경우 현재
연령에서 병역 이행 기간(최대 6년)을 빼고 계산한 연령
이 만 34세 이하인 사람 포함

② 소득

　직전년도 신고소득이 있는 자로 연소득 3,600만 원 이하

　(근로, 사업, 기타소득자에 한함)

③ 주택여부

· 본인이 무주택인 세대주

· 본인이 무주택이며 가입 후 3년 내 세대주 예정자

· 무주택 세대의 세대원

* 다만 첫 번째와 두 번째의 경우 세대주는 3개월 이상 유지하

　여야 함

　청년우대형 청약 통장 가입 조건에 맞는 사람이라면 무조건 청년
우대형 청약통장에 가입을 해야 한다. 청년우대형에서 제공하는 혜
택이 너무 크기 때문이다. 우선 일반 청약 통장과 마찬가지로 납입액
의 40%에 해당하는 금액을 300만 원 한도 내에서 공제받을 수 있는
소득 공제 혜택이 있고 또한 가입 기간 2년 이상일 경우 최대 10년
간의 이자 소득에 대해 500만 원 한도로 비과세 혜택까지 있다.

　금리의 경우 기존에는 최대 3.6%의 우대금리를 적용했는데 일반

청약통장의 금리가 내년부터 인상되는 것처럼 청년우대형도 내년부티 금리가 최대 4.3%까지 발생하는데, 기준은 아래와 같다.

	주택청약종합저축	청년우대형 주택청약종합저축
1개월 이내	무이지	무이자
1개월 초과 1년 미만	연 2.0%	연 2.0%
1년 이상 2년 미만	연 2.5%	연 2.5%
2년 이상 10년 이내	연 2.8%	연 4.3%
10년 이상	연 2.8%	연 2.8%

10만 원으로 만드는 더 큰 가치

얼마 전까지만 해도 공공주택에 대한 님비현상이 굉장히 심했다. 행복주택, 공공주택이 주변에 들어오면 집값이 떨어진다며 대놓고 기피하는 현상이 많았다. 하지만 이러한 현상은 행복주택을 지원하는 사람들에게 오히려 이득이 되었다. 공공 주택이 가진 실제 가치보다 그에 대한 평판이 더 낮으니 경쟁률이 떨어져 조금 더 쉽게 당첨 혜택을 누릴 수 있던 것이다. 하지만 요즘에는 육아 복지 등을 위해 공립유치원들이 공공주택과 함께 주상복합으로 지어지는 경우도 많다 보니 경쟁률이 정말 치열해지고 있다.

선진 국가들의 경우 공공주택 보급률이 정말 높다. 유럽은 20%에 육박해 집 다섯 채 중에 한 채는 정부가 나서서 만들어준 집이다. 심지어 싱가포르의 경우 86%에 달한다. 정부가 나서서 일반 시세보다 훨씬 더 저렴하게 공급하고 있다는 것은 국민이 어떤 고민을 하고 있는지 국가는 이미 잘 알고 있다는 이야기이다. 이는 대한민국이라고 다르지 않다. 지금 당장의 현상이 조금 힘들 뿐이지 지속적으로 공공분양을 늘려가려고 할 것이다.

한국의 경우 2015~2016년 기준으로 100세대당 공공주택 보급률이 4~5%대였다. 앞서 말한 싱가포르나 유럽과 비교하면 너무 낮은 수치다. 하지만 정부에서도 공공주택 보급률을 계속해서 늘려 갈 계획이 있기 때문에 우리가 매달 10만 원을 청약에 납입하는 것은 10만 원 이상의 가치를 얻을 수 있는 최소 필요 조건이다.

10만 원이 왜 최소 필요조건일까. 청약은 매월 2만 원부터 50만 원까지 넣을 수 있는데 당연히 추후 청약을 행사하는 데 있어서 무주택으로 살았던 기간이 길었던 사람이나, 청약통장 납입 기간이 길었던 사람, 금액을 많이 넣었던 사람 등 여러 조건들을 통해 청약 당첨 가산점이 발생한다. 여기서 한 가지 간과하면 안 될 것이 바로 '금액을 많이 넣었던 사람'이다.

앞서 청약통장의 경우 딱 10만 원까지가 정부에서 인정한 납입 금액이라고 설명했다. 청약통장에 최대 50만 원까지 넣을 수 있으니 납입 가능한 최고 금액인 50만 원을 매월 납부하는 사람이 가산점을 제일 많이 받는 불상사가 일어나지 않게 하는 것이다. 내 집 마련이 어려운 사람들을 위해 낮은 가격으로 제공하는 공공분양에 가장 돈이 많이 넣을 수 있는 사람이 가장 쉽게 당첨되는 괴리를 방지하는 것이다. 그 때문에 정부는 청약통장에 20만 원을 넣든 50만 원을 넣든 주택청약 신청 시에는 납입 금액을 10만 원까지만 인정한다.

여기까지 한국인이라면 누구나 염원하는 '내 집 마련의 꿈'을 조금 더 쉽게 이룰 수 있도록 도와주는 상품인 청약 통장에 대해 알아보았다. 한 달에 딱 10만 원 투자로 행복주택의 주인이 되는 기회를 잡아보길 바란다.

4:4:2 비율로 만드는
리스크 없는 완벽 자산 설계

목적에 맞는 재테크 설계도

2장에서 내내 설명한 것처럼 내 평생을 지켜줄 수 있는 통장 7개는 시기별로, 역할별로 모두 다르다. 그 말인즉슨, 나의 삶에 필요 없는 저축 상품은 단 하나도 없으며 내 상황에 따라 필요한 비중이 다를 뿐이라는 거다.

만약 당신에게 발병 확률이 높은 가족력이 있다면 남들보다 보험이 조금 더 많아야 할 거고 노후에 아무런 걱정 없이 살고 싶다면 내일의 나를 위해서 연금에 대한 저축 비중을 조금 높여야 할 것이다. 혹 결혼을 앞두고 있다면 결혼 자금 마련을 위해 단기 저축 비중을 높이기도 해야 한다. 모든 것은 현재 내 상황에 대한 인지와 미래에 대한 계획에서 시작해 내가 관리할 다양한 금융 상품들에 적절히 내 자산을 배분해야 한다.

그렇기 때문에 나의 목적이 구체적이면 구체적일수록 의도 없이 남겨두는 돈이나 불필요하게 활용할 투자 상품이 없을 것이다. 그러니 현재의 내 상황을 다시 한번 돌아보고 앞으로의 내용들을 읽어나가길 바란다.

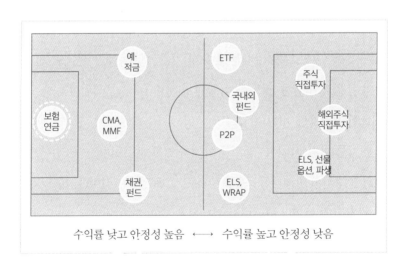

수익률 낮고 안정성 높음 ⟷ 수익률 높고 안정성 낮음

앞서서 보험 이야기를 할 때도 설명했었는데, 내가 인생이란 큰 게임을 안전하게 이기기 위해서는 수비수도 필요하고 공격수도 필요하고 미드필더도 필요하다. 각자의 역할이 다른 플레이어들이 모두 필요한 것이다. 그리고 이것들을 내 자산, 내 상황에 따라서 잘 분배했다고 해도, 아쉽지만 대박은 없다. 대박은 위험 자산으로 한 가지에 도박을 건 이들에게 찾아온다. 예를 들어 주식에 올인해 큰 수익이 나거나 특정 보험 분야에 많은 상품을 가입했다가 큰 보험금을 수령하는 등의 경우이다. 하지만 우리 모두에게 그런 일이 일어날 가능성은 매우 희박하다.

내가 이제까지 보통의 삶을 살아왔는데 어느 날 갑자기 복권이 당첨되는 삶을 기대하고 거기에 맞춰 산다는 건 정말 어리석은 삶이 아닐까 싶다. 그렇기 때문에 우선 기본적인 재테크 설계는 안정적인 삶을 도모할 수 있도록 이렇게 분배해 보는 게 어떨까?

보험 그다음에 비상 자금, CMA, 예·적금, 채권 같은 상품에 내가 사용 가능한 자산의 40% 정도를 차지하게 하고 이후 펀드나 ETF 같은 중위험 자산의 파생상품들을 40% 정도로 배치하는 것이다. 미드필더와 공격진은 이후의 챕터에서 자세하게 알려 드릴 거라서 일단 재테크 비중 정도가 이렇게 되어야 한다는 사실부터 인지하면 좋겠다.

그리고 나머지 20%는 어떻게 할까. 적극적으로 자산을 증식하는 공격수들, 그러니까 고위험 자산에는 내 평균 저축 가능한 자산에서 20% 정도만 배치하길 추천한다. 만일 내가 주식투자를 잘 모른다면 간접투자로 중위험 자산을 비율이 높이거나, 또는 단기적으로 큰 비용이 드는 일들을 앞두고 있다면 안전 자산을 더 높이면 된다. 그러니 4:4:2 비율은 통상적인 범위 내에서 특별한 일이 없다는 가정 하에 추천하는 방식이다.

자산 시장에서 누군가 돈을 벌었다면 그 돈은 세상에 없던 돈이 갑자기 생겨난 것이 아니다. 누군가의 주머니에서 나온 돈이 돌고 돌아 또다른 사람의 주머니에 들어가는 것이다. 그러니 이 비율을 무시하고 로또를 찾아 고위험 자산에 올인한다면 99%는 쪽박을 면치 못할지 모른다.

그렇기 때문에 이런 안전한 방식의 분산투자는 시간이 오래 걸릴지는 몰라도, 아무리 못해도 중박 이상은 갈 수 있다. 나는 커다란 위험을 안고 언제든 쪽박을 찰 수 있는 위태로운 삶 대신 우리에게 확실한 이익을 가져다줄 안정한 방식을 삶의 기본 방식으로 세팅해보길 추천한다.

작고 소중한 내 월급으로 자산 설계하기

이번엔 처음으로 자산 관리를 시작하는 사람을 위해 한 가지 케이스를 살펴보려 한다.

급여 225만 원
- 생활비 100만 원
_____
매월 잔액 125만 원

연봉 3,000만 원에 세후 월급 실수령액은 약 220만 원인 사람이 있다고 해보자. 이 중 월세나 교통비, 휴대폰 요금과 식비 등으로 매달 100만 원을 사용한다면 120만 원이 남는다. 이 120만 원으로 어떤 재테크 방식을 설계할 수 있을까?

첫 번째로 절대 양보할 수 없는 저축이 있다. 바로 청약이다. 청약으로는 무조건 공공 분양에 대한 혜택의 가능성을 노려야 한다. 게다가 소득공제 혜택까지 있으니 미뤄둘 이유가 전혀 없다.

그다음으로 예상치 못하게 내 삶과 자산에 치명적인 위협이 될 수 있는 위험 요소에서 우리를 방어해주는 보험에 10만 원을 분배한다. 실비보험에 더해 중대 질병 암, 급성 심근경색, 뇌졸중 등의

상품	금액	특이사항
[은행] 청약통장	10만 원	청약권리/ 무주책 세대주 소득공제 가능
[은행] 적금	40만 원	결혼자금+보증금/ 위험분산을 위해 분산저축
[증권] 펀드	30만 원	결혼자금+보증금/ 투자수익(급여인상 시 금액 추가하기)
[증권] CMA(비상금)	10만 원	경조사+예상 외 지출+자기계발 비용/ 잉여 자금도 전부 투입
[보험] 보장성보험	10만 원	실비보험+중대한 질병 발생 시 소득 대체
[보험] 연금저축	20만 원	노후연금 보완/ 세액공제 과세
총합계	120만 원	-

질병을 보장하는 보험을 가입해 혹시 모를 위기가 찾아왔을 때 실비 보험을 통해 병원비를 해결하고 추가 보험을 통한 진단금으로 그 시기 동안의 수입을 충당해야 한다. 예를 들어 암에 걸려 3,000만 원의 병원비가 청구되었다면 병원비는 실비를 통해 해결하고 손해보험으로 보험금을 3,000만 원 받았다면 그건 내 연봉을 대체한다 생각해 사용하는 생활비라고 생각해야 한다.

연금저축의 경우 현재 소득의 70% 수준의 생활비를 노후에도 유지할 수 있도록 지금부터 최소 20만 원씩 납입해야 한다. 가능하면 연금저축펀드 4개에 매월 5만 원씩 나눠 넣는 것을 추천한다.

CMA 파킹통장으로 운영하는 비상금 통장은 후에 급한 돈이 필요하게 되었을 때 적금, 보험, 연금 등을 해지하지 않도록 최소한 내 급여의 두세 배 정도가 될 때까지 쌓아두어야 한다.

은행 적금과 펀드의 경우 결혼 자금이나 보증금 마련 등 목돈 마련을 위해 매월 각 40만 원, 30만 원씩 넣는데, 적금과 펀드에 넣는 목적이 동일하지만 위험 분산을 위해 분산 저축을 하는 것이다. 여기까지가 자산을 어떻게 다룰지 설계를 할 때 지켜야 할 필수적인 요소들을 적용한 방식이다.

이걸 소득 대비 퍼센트로 따지면 이렇게 된다. 적금 40만 원과 청약 10만 원, CMA로 관리하는 비상금 10만 원 총 60만 원이 안정성 있는 저축으로 26%를 차지하고 수익성을 위한 투자로 소득 대비 13.2%인 30만 원을 펀드로 운용한다. 은퇴 후의 삶을 위한 유동성 자산인 연금저축 20만 원은 9%를 차지하고 위험 설계 용으로 보험에 납부하는 10만 원은 5%를 차지한다. 이게 이제 막 재테크를 시작한 사람이 120만 원으로 할 수 있는 모범적인 자산 배분 비중이다.

이렇게 내 소득과 이 자산을 어떻게 활용할지 설계하는 일은 조금은 번거롭고 어려울지도 모른다. 하지만 다행이도 요새는 많이 발전된 핀테크 스타트업들이 우리의 자산관리를 한결 쉽게 도와주고 있다. 자산관리 앱인 뱅크샐러드 그리고 보험 내역들을 한 번에 다 정리해서 보여주는 보맵, 통합 금융 플랫폼으로 진화하고 있는 토스까지. 이런 플랫폼들에 도움을 받아 나의 금융자산 내역들 한 번에 징리해서 보는 걸 추천한다.

한발 더 나아가고 싶다면

마지막으로 몇 가지 금융 상품들을 추천하고 2장을 마무리하려고 한다.

첫 번째 추천 상품은 소득분위가 낮은 사람이 목돈을 마련할 수 있게 정부 지원 혜택을 주는 희망두배 청년통장이다. 최소 2~3년간 매월 월급을 받아 일정 금액을 저축하면 내가 낸 금액만큼 서울시의 예산으로 보조금을 지급하는 제도이다. 이러한 정부 지원 상품들을 찾아보고 가입하는 것도 정말 중요한 재테크 방법 중 하나라는 걸 명심하자.

아쉽게도 이는 서울시에서 운영하는 제도라 서울시에 거주하는 한국인을 대상으로 하기 때문에 타 지역에 거주하는 분들은 참여가 어렵지만 지역마다 각각 청년지원 프로그램이 있으니 본인이 거주하는 지역에서 운영하는 청년지원 사업을 꼭 한번 찾아보길 바란다. 또한 앞서 설명했던 청년우대형 청약통장도 꼭 잊지 말고 개설하자.

두 번째로 추천하는 건 바로 ISA(Individual Savings Account)다.

ISA 유형별 특징

	중개형 ISA	신탁형 ISA	일임형 ISA
투자 방식	투자자가 직접 운영	투자자가 금융사에 운용지시	금융사가 일임 운용
투자 상품	국내 상장 주식, ETF, 펀드, ELS 등	예·적금, 펀드, ELS 등	예·적금, 펀드, ELS 등
납입한도	연 2,000만 원(이월적립 가능), 5년간 최대 1억		
세제 혜택	ETF 계좌 내 상품과 기간 내 손익 합산 후 200만 원까지 비과세. 초과분은 9.9% 분리과세		

ISA는 개인저축 자산계좌라고 보면 되는데 이건 납입 한도와 세제 혜택이 중요하다. 단기적으로 사용할 목적이 아닌 중장기적으로 마련해야 하는 목돈은 ISA를 통해 모아 보는 것도 추천한다. 최대 연 2,000만 원까지 납입할 수 있고 5년간 최대 1억까지 납입 가

능하기 때문이다. 납입한 자금 안에서는 ETF 등의 투자 상품들을 운영할 수가 있는데 거기에서 발생하는 수익에 대해서는 200만 원까지 비과세 혜택이 있다. 200만 원을 넘어간 금액에 대해서는 이자소득에 15.4%의 이자소득세를 내야 하지만 9.9%로 분리과세가 되니 이점 알고 가길 바란다.

3장

안전한 투자법으로 확실하게 부자 되기

적금만으로 내 돈을 두 배로 불리려면?

투자 수익 6% 내기?

드디어 우리의 자산을 불릴 수 있는 단계인 투자에 대한 이야기를 시작해보려 한다. 여기에 '투자 수익 6% 내기'라고 소제목을 달아두었는데, 누군가에겐 6%의 수익이 작을 수도 있지만 이 6%가 꾸준히 유지된다면 정말 어마어마한 수익률이 된다. 이번 챕터를 통해 6%의 위대함을 알려 드릴 테니 기대해보길 바란다.

이제 우리가 자산 증식을 원한다면 예·적금 이자가 아닌 투자를 통해 관리해야 하는지에 대한 불가피성에 대해 설명해보겠다.

아마도 우리가 투자에 거부감이 있었던 건 투자의 중요성과 필요성을 아무도 알려주지 않았을뿐더러 혹여 관심이 생겨 접근해보려 해도 알아들을 수 없는 전문용어들 때문에 겁부터 나거나 세간에 투자에 대한 유언비어가 너무 난무해 도저히 어떤 게 진실이고 거짓인지 판단할 수가 없다는 이유들이 있었을 것이다.

2008년 미국 금융위기를 다룬 영화 〈빅쇼트〉에 이런 대사가 나온다.

"당연한 거야. 일부러 못 알아듣게 단순한 상황을 복잡하게 연출하는 거라고. 뭔가 그럴듯하게 꾸며내서. 돈을 따먹는 사람은 따로 있지. 그게 경제학이라는 거야."

금융과 경제를 잘 알지 못하는 사람들을 계속해서 영역 바깥으로 내몰아 기회를 차단하기 위해 일부러 이해하기 어려운 용어와 상황을 이용한다는 것이다. 그러니 우리는 어렵고 잘 모른다는 이유로 투자를 기피할 게 아니라 더 적극적으로 배우고 뛰어들어 남들 이상의 수익을 내는 기회를 만들어야 한다.

최근 어느 강의에 나갔는데, '나는 투자에 관심도 없는데 왜 투자

이야기를 들어야 하는지 모르겠다'는 수강자를 만났다. 투자에 관심이 없다니. 우리가 매일같이 일을 하는 이유는 돈을 벌기 위한 것이고, 돈을 버는 이유는 이 자산이 내 삶을 영위하는 데 있어 꼭 필요한 자원이기 때문이다. 그런데 우리가 노동을 통해서만 벌던 돈을 더 빠르고 쉽게 불릴 수 있는 방법을 투자에 대한 무관심과 오해로 인해 나오는 무관한 일이라 관심이 없다고 말하는 게 안타깝게 느껴져 그에 대해 별다른 반박은 하지 않았다. 그저 이 책을 읽는 여러분은 절대 그런 생각을 갖지 않길 바랄 뿐이다.

기준금리

우리가 왜 적금을 떠나 투자 상품으로 넘어와야 할까. 한때 유행했던 드라마 시리즈 〈응답하라 1988〉을 보면 이런 장면이 나온다. 우승상금으로 돈을 많이 버는 바둑기사를 아들로 둔 최무성이 은행에서 일하는 성동일에게 이번에 투자를 한번 해 볼까 한다며 주식을 해봐도 괜찮을지 질문한다. 그때 성동일이 이렇게 말한다.

주식은 올라도 너무 올라 이제 끝났다. 주가지수가 1000포인트를 넘는다는 게 말이 되는 일이냐. 그건 어깨에서 사서 무릎에서 파는 거나 마찬가지다. 그냥 은행에 넣어둬라. 내가 ○○%짜리 적금 만들어 줄 테니.

여기에서 성동일이 말하는 적금의 금리는 얼마일까? 1988년에 아무런 위험부담 없이 적금 통장에 돈을 넣어두기만 해도 나오는 돈 말이다. 바로 17%다.

그럼 현재와 비교해 보자. 지금 한국은행에서 정해둔 기준금리는 몇 %일까. 3.5%이다. 한국은행은 올 초부터 기준금리를 3.5%로 동결하고 있는데, 이는 국내 물가 안정과 글로벌 경제 상황을 고려한 조치로 보인다. 하지만 과연 3.5%의 기준금리가 언제까지 유지될 수 있을까?

코로나 시기였던 2년 전인 2021년은 현재보다 3.0% 낮은 0.5%였고 코로나 이전에는 통상적으로 기준금리가 2.0% 정도 되었다.

그렇다면 금리 17%와 2%의 이자만으로 내 돈을 두 배로 불리기 위해서는 얼마의 시간이 필요할까. 각각 4년과 36년이다. 금리가 2%일 경우 36년 동안 꼼짝없이 넣어두어야만 두 배가 되는 것이다. 물론 36년간의 물가상승률을 고려한다면 두 배라는 수치는 전혀 의미가 없다. 그리고 0.5%의 금리라면 36년, 그리고 3.5%라면

25년이다.

참고로, 드라마에서 최무성이 적금과 함께 고민하던 투자 상품은 삼성전자, 한미약품, 태평양화학(현 아모레퍼시픽)이다. 해당 종목들이 한 주에 2~3만 원가량 한다는 말을 들은 성동일은 이미 너무 올라 더 오를 일이 없다며 만류한다. 과연 우리가 2023년이 아닌 1988년에 살았다면 내 자산을 적금에 투자했을까. 아니면 삼성전자, 한미약품, 태평양화학에 투자했을까. 선택은 본인의 몫이지만, 거기에서 나오는 후회 또한 본인의 몫이다.

72법칙

앞서 기준금리 2%로 자산을 두 배로 불리는 데에 드는 시간이 딱 36년이라고 했는데, 이 이유에 대해 설명하려 한다. 우선 기준금리란, 한국은행 소속기관인 금융통화위원회에서 1년에 8번 결정하는 수치로, 이 금리에 따라 시중은행이 우리에게 반영하는 금리가 연동된다. 그리고 이 기준금리를 이용해 평생 써먹을 수 있는 좋은 정보를 알려드리려 한다. 바로 72법칙이다.

72÷이자율=투자한 돈이 두 배가 되는 데 걸리는 시간

이는 기준금리 몇 퍼센트로 자산을 늘렸을 때 몇 년 만에 두 배가 되는지 대략적으로 계산해낼 수 있는 법칙인데, 방법은 아주 간단하다. 72에 이자율을 나누면 된다. 아인슈타인은 복리를 통해 원금을 두 배로 늘리는 기간을 계산해내는 방법으로 72법칙을 제시했는데, 수학적으로는 증명할 수 없는 측정값으로 약간의 오차가 있지만 실용적으로 사용하는 데에는 매우 유용하다.

나 같은 경우 투자에 눈을 뜬지 그리 오래 되지 않았던 시절에 연 6%의 수익률을 꾸준히 내왔는데, 이럴 경우 자산을 두 배로 만드는 데에 12년이 걸린다. 만약 기준금리가 2%였던 당시에 나와 같은 자본으로 누군가 투자 대신 적금을 했다면 36년이 걸려야만 두 배로 늘릴 수 있는 자산을 12년으로 단축한 것이다.

이처럼 금리는 가만히 있어도 우리의 돈을 조금씩 불려주는 안전자산이지만, 그와 동시에 적금으로 얻는 아주 소소한 이자에 만족하고 사는 게 얼마나 안일한 일인지에 대해 알아보았다. 앞으로 여러분도 72법칙을 통해 내가 얻을 수 있는 기대수익을 계산해보고 어떤 투자 방식을 선택할지 현명하게 고민하고 선택하길 바란다.

주식과 채권, 뭐가 더 좋을까?

주식과 채권이 뭔데?

주식과 채권이란 과연 무엇일까? 한 가지 비유를 통해 쉽게 설명해보겠다. 당신이 어떤 기업을 운영하고 있다고 가정해 보자. 원하는 물건들을 시판할 수 있는 사업계획을 준비해 이제 공장도 세워야 하고 직원들도 추가로 채용해야 하는데 아직 사업 초기다 보니 자본금이 1억 원밖에 되지 않아 지금 당장 9억 원을 조달해 총 10억을 만들어야 하는 상황이다.

그래서 우선 현재 직원들의 능력, 매출 정도, 공장 규모 등 현재 가지고 있는 정보를 정리했다. 그리고 정리된 정보와 이력을 누구나 볼 수 있는 게시판에 올려 두었다. 그 게시판은 우리 회사만 쓸 수 있는 게 아니라 모든 기업들이 참여 가능해, 각자의 정보들을 정리해 그곳에 올려 둔다. 그러면 사람들이 몰려와 정보를 살펴보고 가능성이 있어 보이는 기업들에게 이렇게 묻는다. '너의 기업이 더 성장하면 성장한 만큼의 일부를 내게 줄 수 있어? 혹은 경영권을 일부분 줄 수 있어?' 당신이 그렇다고 하면 그 사람은 당신에게 투자를 할 것이고, 이것이 바로 주식이다.

그런데, 그 사람이 혹시 내게 투자한 것 때문에 돈을 잃게 된다면 내가 그 사람에게 돈을 물어줘야 할까? 아니다. 스스로 투자를 했기 때문에 그 책임은 기업이 아닌 투자를 한 사람이 진다. 마찬가지로 투자에 성공해서 시세 차익을 얻는다면 그건 투자를 한 사람이 가져가게 된다. 또한, 어떤 기업은 투자를 했다는 것만으로도 매년 잉여금 중에 놓고 있는 돈 일부를 투자자에게 돌려준다. 회사로 치면 성과금 같은 개념으로, 이것을 배당이라고 한다.

자, 다시 이야기로 돌아오자. 방금 그 사람이 고민 끝에 당신에게 4억 원을 투자했다고 가정해 보겠다. 그러면 이제 나머지 5억 원을 조달해야만 할 것이다. 이 5억 원을 가져오기 위해서 당신은 기업 소개서를 들고 은행에 갔다. 당신은 은행에 이렇게 말한다. "돈을 빌리고 싶은데, 돈을 빌려주시면 5%의 수익을 보장해 드릴게요. 혹시 빌려주실 수 있나요?"

그러자 은행은 이렇게 말한다. "비슷한 규모의 업력을 가지고 있는 X라는 회사가 6%의 이자를 준다고 하네요." 이 말을 듣는다면 당신은 '그러면 은행은 나 대신 X에게 돈을 빌려주겠네. 조금 더 이자를 많이 주니까.'라고 생각하게 된다. 그러니 6%에 맞추거나 그것보다 조금 더 높여서 채권 이자를 설정하게 된다.

이렇듯 채권은 기업이 돈을 조달하는 또 다른 방법으로, 기업이 금융사를 통해서 돈을 빌리는 방법이다. 그런데, 이럴 수도 있다. 갑작스러운 이슈가 생겨서 기업에게 돈을 빌려준 채권증서 자체를 빨리 팔고 싶은 사람이 있다고 가정해 보자. 1년 동안 돈을 빌려줄 수 없는 상황이 되어버린 것이다. 그렇다면 이 증서를 남에게 팔 수도 있다. 그런데 이 증서를 많은 사람이 사려고 한다면 더 비싸게 가격을 붙여서 팔 수도 있다.

	주식(돈을 투자하는 것)	채권(돈을 빌리는 것)
설명	기업 입장에서 자본을 조달하기 위해 발행하는 증권	대규모 자금을 마련하기 위해 발행하는 증권
발행주체	기업	국가, 공공기관, 기업
이익	시세 차익, 배당금	시세 차익, 만기 시 이자
의결권	있음	없음
기타	우선주는 의결권 없음. 배당 선지급	-

그래서 채권에서 시세 차익이 발생하는 것이고 이 채권이 만기 시점이 된다면 정해진 이자를 받기 때문에 채권 이자가 발생한다고 보면 된다. 그래서 기업 입장으로 봤을 때 돈을 자발적으로 투자받는 게 주식, 확정적인 이자를 약속하고 돈을 받는 게 채권이다.

주식과 채권, 뭐가 더 좋지?

자, 정리해보자. 주식은 기업 입장에서 자본을 조달하기 위해 발행하는 증권이고 발행 주체는 기업이다. 시세 차익과 배당금이 있고 의결권이 있다. 이 기업에 지분이 얼마큼 있냐에 따라서 회사의 방향을 설정할 수 있다. 하지만 '나는 의결권은 가져가지 않겠다. 대신 배당을 더 달라'라는 입장이라면 우선주를 선택하면 된다. '삼성전자우' 이런 주식을 본 적 있을 것이다. 이런 주식은 의사 결정에 참여할 수 없지만 배당을 더 많이 받거나 먼저 받을 수 있는 주식이다.

채권의 경우, 대규모 자금을 발행하는 증권이고 기업뿐만 아니라 국가나 공공기관도 발행할 수 있다. 그리고 시세 차익과 만기 시이자가 혜택이 된다.

주식과 채권 중 어떤 게 더 우리에게 좋은 금융상품일까? 좋고나쁘고는 사실 없다. 채권은 안전한 대신 수익이 낮고 주식은 위험한 대신 수익이 높아진다. 때문에 우리는 무엇이 좋고 나쁜지를 따지기보다는 내가 어떤 포트폴리오를 구성하느냐를 따져야 한다. 내가 목표하는 바를 이루는 데 적합한 상품이 다를 수밖에 없기 때문이다.

하지만 굳이 첨언하자면 단기적으로 써야 할 돈은 상대적으로안정적인 채권의 비중이 높아야 할 것이고 중장기적으로 써야 할돈들은 보다 시간적 여유가 더 있기 때문에 주식 같은 조금 더 공격적인 상품을 투자해도 될 것이다.

주식과 채권이 펀드와 만나다

이후의 챕터에서 펀드에 대한 이야기를 다시 다룰 텐데, 그에 앞서 간단히 채권형 펀드와 주식형 펀드에 대해 이야기해보자.

채권형 펀드	혼합형 펀드	주식형 펀드

우선 채권형 펀드란 펀드 자산의 대부분을 국공채나 회사채를 비롯한 단기금융상품 위주로 투자해 거기에서 발생하는 채권 이자 수익과 매매 차익을 노리는 경우를 말한다. 주로 경기가 안 좋거나 금융시장이 불안정 할 때 안정적인 수익률을 기대하며 투자하기에 좋다.

그리고 주식형 펀드란 자산의 60% 이상을 주식에 투자하는 펀드를 말하는데, 당연히 주식형 펀드는 조금 더 공격적이고 단기적으로 손실이 날 가능성이 있다.

채권형 펀드와 주식형 펀드는 각각 자산의 60% 이상을 채권과 주식에 투자하는 경우를 말한다고 했는데, 그 비중이 60% 미만인 경우에는 혼합형 펀드라고 부르며 주식과 채권의 배분을 통해 수익성와 안전성을 동시에 가져간다는 장점이 있다. 이 경우 주식 비중이 50% 이상이면 주식혼합형 펀드, 50% 이하면 채권혼합형 펀드라고 한다.

위험한 채권

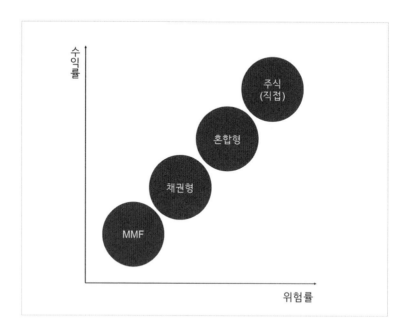

왼쪽의 그림은 위험률과 기대수익률에 따라 펀드 상품을 정리한 것이다. MMF는 Money Market Funds의 약자인데, 이는 초단기 채권을 의미한다. '단기' 채권이라는 말 그대로 만기 기간이 훨씬 짧기 때문에 더 안전하고, 이자가 더 낮다. 이렇게 MMF와 채권형 펀드, 혼합형 펀드, 주식형 펀드는 주식이 포함된 비율에 따라서 수익률과 리스크가 함께 커진다.

그렇다면 여기에서 문제 하나를 내겠다. 어떤 채권 이자가 시장가보다 말도 안 되게 높은 이자를 준다고 하면 좋은 걸까, 안 좋은 걸까? 결론적으로 말하자면, 아주 위험한 것일지도 모르겠다.

예를 들어보자. 예를 들어 A와 B와 C는 비슷한 레벨의 연예인이다. 모두가 CF 한 건당 2,000만 원의 페이를 받는다. 그런데 A가 어느 날부터 갑자기 다양한 행사와 혜택을 광고하며 연간 행사 일정을 단기간 내에 어마어마하게 잡았다. 예약금을 다 받은 A는 어떻게 했을까? 그는 바로 잠적을 해버렸다. 개인 사정으로 급전이 필요했기 때문에 어쩔 수 없이 좋은 혜택을 미끼로 자금을 끌어모은 것이다.

또 다른 예시를 들어보자. XX전자와 ZZ건설은 비슷한 규모와 안정된 수익처를 갖고 있는 기업이었다. 그런데 갑자기 ZZ건설이 돈을 빌려주면 XX전자보다 2배의 이자를 준다고 하는 것이다. 사람들은 좋다면서 헐레벌떡 투자를 했지만 알고 보니 ZZ건설의 자금줄이 끊어진 상태였고, 부도 직전에 발악 차원에서 돈을 빌렸던 것이다.

앞선 두 예시가 말도 안 되는 일이라고 생각하는가? 이런 사건은 실제로 있었다. '동양증권 CP 사태'라는 사건이었는데, 전말은 이렇다. 보통 증권사는 채권을 발행할 때 만기 시 이자를 4~5% 정도 준다. 그런데 동양증권이 갑자기 7% 이자를 주기 시작한 것이다. 소식을 들은 일반인들은 서둘러 가입을 했다. 그래서 어떻게 됐을까? 사람들은 땅을 치고 후회했다.

그렇다면 부자들은 어떻게 했을까? 그들은 단번에 동양증권이 시장의 기준을 넘었다는 것을 파악했다. 그리고 무슨 일인지 알아보려고 했었다. 혹시나 거기에 돈을 쓰더라도, 2%나 3% 수준에서 그쳤다. 그래서 손해를 안 보거나, 보더라도 쉬이 넘길 수 있는 수준에 불과했다. 명심하라. 절대 평균치를 넘는 이자를 주는 금융상품은 없다.

수많은 금융상품, 뿌리는 하나?

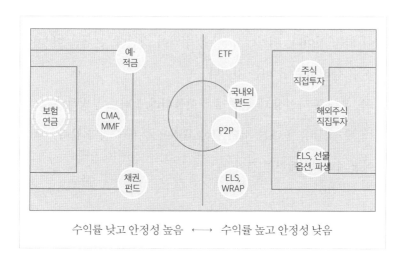

수익률 낮고 안정성 높음 ⟷ 수익률 높고 안정성 낮음

모든 금융상품은 사실 모두 주식과 채권이었다. 안정성과 수익성 등 특징이 모두 다른 이 수많은 상품들이 어떻게 다 주식과 채권인지 궁금한가? 이제부터 설명할 테니, 잘 들어보길 바란다.

① 예·적금

우선, 예·적금부터 살펴보자. 예·적금은 채권이다. 우리한테 2%의 이자를 주지 않는가. 그 돈을 은행이 어떻게 쓸까? 우리가 2% 혹은 3% 정도의 이자를 받고 예·적금에 가입하면 은행은 그 돈을 대출받는 사람들에게 6~10%의 금리로 빌려준다. 그러면 은행은 대출로 7%를 주면서 이 돈을 갖고 왔던 대상에게는 2% 이자를 주는 셈이 되는 것이다. 여기에서 5%의 수익이 생긴다. 은행은 이 '예대마진'을 통해서 돈을 버는 것이다.

즉, 은행은 사실상 대출 중개 플랫폼이라고 봐도 무방하다. 그렇기에 예·적금을 한다는 것은 결국 채권을 투자한 것과 같다. 100% 돌아올 수 있는 채권인 것이다.

② CMA와 MMF

CMA와 MMF는 어떨까? 이것들 모두 단기적으로 매일매일 돈이 조금씩 붙는 증권사에서 만드는 통장이다. 즉, 이 상품들은 아까 설명한 것처럼 '초단기 채권'이다. 쉽게 말해 증권사에 하루 단위로 돈을 빌려주고 조금씩 이자를 받는 것이라고 생각하면 편하다.

③ 채권, 채권펀드

이건 더 설명할 게 있을까? 당연히 채권이다. 국가에서 발행한 채권이라면 이자가 낮을 것이고 기업에서 발행한 채권이라면 이자가 조금 더 높을 것이며, 만약 불안정한 기업에서 발행했다면 위험

부담으로 인해 조금 더 이자가 높을 것이다. 그렇기에 높은 이자를 주는 기업이 있다면 그 기업의 건전성도 의심해야 한다는 게 내가 말해줄 수 있는 가장 핵심적인 내용이다.

④ 연금

연금도 마찬가지로 채권에 해당한다. 사실 공시이율로 고르는 상품은 보험사에서 내가 납입한 돈을 굴려서 나온 수익을 가지고 그 밖에 남은 것들을 나에게 돌려주는 방식이기 때문에 일종의 채권이라고 보면 될 것 같다.

자, 이렇게 수익률은 낮고 안정성은 높은 안전 상품은 다 채권이었다. 이번엔 반대로 수익률은 높고 안정성은 낮은 주식형 상품들을 살펴보자.

⑤ 주식

그림에서 우측에 있는 주식과 해외 주식은 채권형 상품과 주식형 상품 중 당연히 주식에 포함된다. 공격적이고 자발적으로 투자해 높은 기대수익률을 가질 수 있는 상품이기 때문이다. 이 중에서 해외주식이 제일 우측, 그러니까 가장 위험도가 높은 상품으로 둔 이유는 간단하다. 국내 주식보다 더 위험한 수익률을 노리는 사람들이 대다수 해외주식에 투자하기 때문이다. 국내 기업도 잘 모르는데 해외 기업에 관심을 두는 사람들은 대다수 높은 수익률이 있을 거라는 기대를 가지며 위험성을 함께 가져간다.

⑥ ELW, 선물옵션, 파생

이 투자 상품들은 레버리지가 매우 심하다. 레버리지란 지렛대라는 뜻인데, 기업이 타인의 자본을 지렛대처럼 사용해 자기 자본의 이익률을 높이는 것으로 보통 레버리지 효과, 지렛대 효과라고 부른다. 실제 가격변동률보다 몇 배 많은 투자수익률이 발생하는 현상이라, 정말 급격하게 상승하고 급격하게 하락한다고 생각하면 된다. 그렇기 때문에 돈을 잃을 가능성도 크다. 혹시 주변 사람이 이런 상품에 관심을 가진다면 말리는 것이 좋다.

⑦ 국내외 펀드

그림에서 미드필드 역할을 하는 중간에 위치한 것들은 초반에 설명한 예금, 채권, 주식이 섞여 있는 파생 상품들이다. 그중에 대표 상품이 국내외 펀드인데 앞서 말한 대로 펀드 자산 중 60% 이상이 주식이면 주식형 펀드, 60% 이상이 채권에 있으면 채권형 펀드다. 이 펀드에 대해서는 후반 챕터에서 더 자세히 다룰 테니 우선 여기까지만 설명하고 마무리하겠다.

⑧ P2P

P2P는 쉽게 말해 개인 간 대출 중개 거래이다. 원래 은행이 하던 일을 일반 사기업이 대신해서 마진을 덜 가져가고 큰 수익을 돌려주는 식의 구조다. 즉, 유통 마진이 조금 더 줄어든 구조라고 보면 되겠다.

예를 들면 오프라인보다 온라인에서 물건을 사는 게 마진이 더 낮기 때문에 우리가 오프라인보다 온라인에서 물건을 조금 더 싸게 살 수 있는 것처럼, P2P 중개 플랫폼을 통해 대출을 받으면 조금 더 낮은 이자에 대출을 받을 수 있다.

혹은 우리가 대출을 받는 게 아니라 P2P에 직접 돈을 빌려줄 수도 있는데, 이럴 경우 예·적금보다 조금 더 높은 이자를 받을 수 있다. 다만, 한국은 P2P 시장이 이제 성숙해 나가는 과정이라서 추천을 드리기에는 아직은 시기상조가 아닐까 싶다.

⑨ ETF

개인적으로 투자에 대한 이야기 중 가장 핵심적으로 설명하고 싶은 게 바로 ETF다. ETF는 'Exchange Traded Fund'의 약자다. 상장지수펀드 간접투자의 대명사로, 펀드를 주식처럼 직접 사고팔 수 있는 상품이다. ETF는 추후 더 자세하게 알아볼 것이기 때문에 우선 이런 상품이 있다는 것만 알고 넘어가면 좋겠다. 이 역시도 채권과 주식이 잘 섞여서 투자 상품을 구성한다.

⑩ ELS, WRAP

그리고 ELS와 WRAP은 가볍게 설명하려 한다. ELS는 주가지수 움직임에 따라 수익과 손실이 일어나는 주가연계증권이다. 예전에 우리 부모님 세대가 은행에 가면 ELS 가입 권유를 많이 받았다. 주가가 급등락이 없다면 확정이자 4~5% 정도를 받을 수 있는 상품들도 꽤 많았다. ELS는 주식 가격 평균 범위 게임이라고도 할 수 있는데, 이해를 위해 예시를 하나 들어보겠다.

눈앞에 아이스크림 냉장고가 있다고 가정해 보자. 메로나, 스크류바, 월드콘 등 이런 아이스크림이 몇 개가 들어 있다. 이때 증권사가 나에게 한 가지 제안을 한다. "6개월 뒤에도 아이스크림 가격은 수요, 공급에 따라서 가격이 조금씩 왔다 갔다 값이 변하는데, 1,300원에서 ±5% 내에 가격 범위가 들어가 있으면 네가 투자한 금액의 5% 줄게." 이렇게 주식 가격이 얼마나 움직일지에 대한 범위를 정하고 그 범위에 들어오거나 벗어나는 여부에 따라서 수익이나 손실을 보는 게임을 하는 것이다. 그래서 '주식 가격 범위 게임'이라고 볼 수 있다.

코로나로 인한 주가 폭락이 한창이던 시기에는 ELS에 투자하는 사람들의 원금이 사라져 버리는 아주 위험한 경우도 있었다. 그래서 이 상품은 주가가 계속 횡보하고 있을 때 안전하게 가입할 수 있는데 사실 내가 추천하고자 하는 상품은 아니다.

그리고 WRAP은 쉽게 생각해 여러분의 주방에 있는 랩을 생각해보면 된다. 여러 상품을 랩으로 싼 것처럼 한 계좌에서 관리를 해주는 것인데 가입할 때 어떤 상품을 포함할지 체크를 한다. '주식은 살게요, 채권은 안 할게요, 레버리지는 안 할게요, 선물옵션 안 할게요…….' 이런 식으로 어떤 상품을 선택하고 제외할지 고르면 그 이후에는 매니저가 알아서 자금을 굴려준다. 그리고 거기에서 총금액에 대한 운용보수를 떼어 가는 방식이다.

이렇듯, 모든 금융상품의 역할은 다 조금씩 다르다. 다만, 안전한 상품들은 대다수 채권의 역할을 가지고 있고 위험한 상품들은 주식의 역할을 갖고 있다. 이렇게 정리한다면 머릿속에 주식과 채권의 개념이 확실히 잡힐 것이다. 이제 기반이 잡혔으니, 다음 챕터부터는 투자 시장에 진입하기 위한 본격적인 투자 환경 이야기를 해 보도록 하겠다.

모르고 덤비다가 큰코다치는 주식 시장 이해하기

주식 시장 이해하기

우리는 주식 투자에 대해 잘 모르는 채로 시장에 들어갔다가 큰 코다친 사람을 주변에서 어렵지 않게 보게 된다. 그런 불상사를 막고자, 주식 투자를 시작하기에 앞서 주식 시장을 이해하는 과정을 거쳐보려 한다. 다음 장에 주가를 나타내는 대표적인 지표들과 내용들이 적혀 있다. 주식시장 이해를 위해 알아야 할 것들이 이렇게 많지만 나는 이 중에서도 우리가 꼭꼭 알아야 할 것 단 한 가지만

EPS	주당순이익 → 주당 번 돈
BPS	주당 순자산 → 기업의 청산 가치
PER	주가이익비율 → 낮을수록 좋음
PBR	주가 순자산 비율 → 낮을수록 좋음
ROE	자본수익률 → 성장성 파악
Ev/EBITDA	기업가치/영업력배수 → 기업을 통째로 인수했을 때 수익 가치
EV	시가총액+순자산금(부채)
EBITDA	영업이익+이자비용+법인세+감가상각비 → 기업의 영업활동을 통해 벌어들인 현금 창출 능력

남기고 다음으로 넘어가 보려고 한다.

아래 이미지를 보면 주가의 시가총액 200억이라는 숫자가 적혀 있고 기업이 원래 가지고 있던 자본 100억, 그 기업이 내는 이익 10억

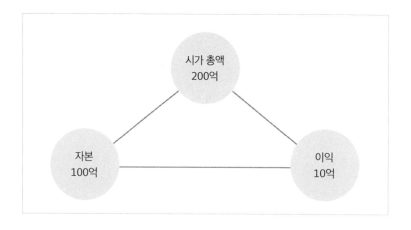

이 있다. 이들 간의 상관관계에 대한 지표, 그리고 그중에서도 가장 중요한 것 딱 하나에 대해 집중적으로 이야기해보자.

자본 100억인 회사가 10억의 이익을 내면 자본수익률 ROE(Return On Equity)가 10%다. 자본 대비 수익률이 10%라는 뜻이다. 그리고 시가총액 200억 대비 이익이 10억이라면 주가 이익률인 PER(Price Earning Ratio)을 계산할 수 있는데, 시가총액에서 전체 이익을 나눠 20이라는 결과가 나온다.

여기에서 시가총액과 이익을 각각 발행주식 수로 한번 더 나눈다면 어떻게 될까? 이익에서 발행주식 수를 나누면 주당순이익인 EPS를 확인할 수 있고, 시가총액을 발행주식 수로 나누면 주식의 가격이 나온다.

$$PER = \frac{\text{시가총액}}{\text{이익}} = \frac{\text{시가총액/발행주식 수}}{\text{이익/발행주식 수}} = \frac{\text{주가}}{\text{주당순이익(EPS)}}$$

결국 [주가=주당순이익(EPS)×주가이익률(PER)]이 된다. 다시 말해 PER은 시총을 이익으로 나눈 거고 이를 각각 발행주식 수로 나눠보면 이익은 주당순이익으로 바뀌고 시총은 주식 하나의 가격으로 나온다.

사실 내가 꼭 알려주고 싶은 건 이거 딱 하나다. 주식의 함수는 '주당순이익(EPS)×주가이익률(PER)'이라는 것. PER은 주식 가격을 이야기할 때 가장 중요한 멀티플이라고도 하고 나는 이걸 성장잠재력이라고 말하고 싶다. 이게 무슨 말인지 바로 이어서 설명해보겠다.

성장주와 가치주

주식 전문가들은 매스컴에 나와서 맨날 성장주와 가치주 이야기를 한다. 성장주와 가치주가 무엇일까?

	가치주	성장주
설명	실적이나 자산은 튼튼하지만 그에 비해 주가가 낮은 주식	미래에 성장할 가능성이 높은 새로운 분야의 산업이나 기업
특징	EPS(주당순이익)이 상대적으로 높음	PER(주가이익비율)이 상대적으로 높음
변동성	상대적으로 적음	상대적으로 큼
배당	높음	적음
관련업종	은행, 석유, 철강, 건설, 유통, 전기, 가스 등	바이오, 헬스케어, 신재생에너지, 게임, IT, 2차전지 등

가치주는 실제 실적 대비주식 가격이 저평가되어 있는 걸 말하고, 성장주는 실제 실적보다 훨씬 더 성장잠재력이 있다고 평가받기 때문에 지금 내는 실적보다 더 높은 주가를 반영 받는다고 보면 된다. 그러면 여기에서 중요한 점은 내가 아까 성장잠재력이라고 했던 PER이 기본 평균보다 낮으냐, 높으냐로 가치주와 성장주를 나눌 수 있다는 것이다.

코스피(한국종합주가지수)의 평균적인 PER(주가이익비율)을 14~15배 정도로 볼 때 이 가치주들은 그보다 조금 낮은 7~8배 정도 된다. 왜 그럴까. 관련 업종을 보면 은행, 석유, 철강, 건설, 유통, 자동차, 전기, 가스 대다수가 주기의 비닥과 천장이 우리 눈에 예상 가능한 범위 내에서 순환하는 업종이다.

그 때문에 성장잠재력, 멀티플이라고 부르는 PER에 높은 배수를 주지 않아 결국 전체 코스피 대비해서 절반 정도인 7, 8배를 주는, 천장과 바닥을 알 수 있는 주식들이라고 보면 된다. 다만 주가가 높지 않은 대신, 해당 업종이 얼마나 이익이 될지 대략적으로 알 수 있기 때문에 성장주에 비해 배당을 조금 더 많이 받게 되며, 우리가 잘 알고 있는 워런 버핏이 이런 가치주에 투자하는 대표적인 인물이다.

이번엔 성장주를 살펴보자. 예를 들어 카카오의 경우 PER이 233 배다. 그러니 EPS(주당순이익)가 크지 않더라도 PER이 높으니 주가가 올라가는 것이다. 어느 기업 혹은 어느 산업에 대한 성장잠재력이 일정 사건으로 인해서 바뀌어 잠재력이 어마어마한 산업이 됐다고 하면 PER이 높아지게 된다.

그런 의미에서 자동차 산업같은 경우 원래는 가치주 영역이었지 만 전기차의 등장 이후 성장잠재력이 기존의 자동차 시장에 비해 훨씬 높아졌기 때문에 성장주의 영역으로 바뀌게 되었다. 그래서 성장주 관련 업종 바이오, 헬스케어, 신재생에너지, 게임, IT, 2차 전 지를 비롯해 전기차까지, 이 종목들은 아직 천장이 안 보이는 주식 이라고 할 수 있다.

캐시우드라 불리는 아크인베스트의 CEO 캐서린 우드나 이 밖에 도 공격적이고 혁신적인 투자를 하는 투자자들이 대부분 성장주 투 자를 하고 있다.

성장주와 가치주를 처음 들어봐서 어색할 수도 있고 어려울 수 도 있지만 결국 주가는 주당순이익(EPS)×주가이익률(PER)이라는 점을 명심해야 한다. 주가이익률, 즉 잠재력을 얼마나 더 많이 평가 를 받느냐에 따라서 가치주와 성장주로 구분이 된다는 것을 꼭 기억하길 바란다.

주식시장의 의사결정 요소

주식시장은 기업만 잘하면 잘 돌아갈 것 같지만 그건 사실이 아니다. 기업의 기저 환경에 있는 것들은 결국 경제 사정이다. 그 경제 사정 중에서도 가장 근원적인 게 바로 경기와 물가이다.

경기가 너무 과열되거나 다운되어 있을 때 주식 시장이 알아서 중심을 잡아 안정된다면 좋겠지만 그건 불가능하다. 때문에 경기가 과열되면 국가가 나서서 과열된 열기를 내려줘야 하고 경기가 너무 다운되어 있으면 나라가 나서서 돈을 풀어 시장에 활기를 주어야 한다.

코로나 시기를 예로 들어보자. 그때는 기업들이 급격하게 쪼그라들었다. 시장에 돈이 돌지 않으니 직원들을 해고해야 하고, 부채가 쌓이고, 받아야 할 대금이 쌓여 기업을 유지하기 어려운 상황들이 많이 생겨났다. 그때 정부는 금리를 낮춰 기업들이 부담 없이 대출을 받을 수 있도록 돈의 조달비용을 낮춰주는 행위를 했다. 또한 기업이 부실해졌는데도 불구하고 기업 채권을 사들였다. 기업들이 계속해서 경제 행위를 이어나갈 수 있도록 조절한 것이다.

이는 경제의 항상성을 유지하기 위한 행동인데, 사람에게도 항상성이 있어 체온을 36.5도로 유지하려는 것과 같이 국내 경기가 과열되거나 떨어질 때 항성성 유지를 위한 규제와 지원을 실행하는 것이다.

안전 자산

이렇게 불안정한 금리나 물가, 경기 수준은 투자의사 결정에 중요한 기준으로 두고 잘 살펴보아야 한다.

예를 들어 특별한 이슈가 없는데도 고만고만하게 올라가고 있는 주식이 있고 그 원인이 시장에 돈이 너무 많이 풀렸기 때문에 유동성으로 올라가는 상황이라고 가정해 보자. 이때 해당 기업이 한때 엄청난 확장세를 보이며 성장했던 메타버스나 전기차 같이 확정적인 성장의 가능성을 가진 게 아니라면, 금리가 인상된다는 뉴스 한 줄에도 해당 주가는 급락하게 된다.

이는 금리가 인상되면 자금을 조달하는 데에 드는 비용이 높아지기 때문에 확실한 이익을 보장할 수 없는 종목에 굳이 리스크를 감수하면서까지 투자할 이유가 없어지기 때문이다. 그럴 때면 이런 주식에 있던 자금들은 다시 달러나 혹은 높은 금리의 예·적금으로 돌아간다.

여기에서 추가로 말하고 싶은 게 있는데 바로 '안전 자산'이다. 안전 자산이 뭐냐 하면 전쟁이 터졌을 때 사람들이 안전한 지하벙커로 대피하듯이 주식 시장에 급격한 충격이 왔을 때 위험 자산에 있던 돈이 숨어드는 곳이다. 대표적으로는 달러나 금 등이 있는데, 시장이 좋고 나쁘고에 따라 이러한 안전 자산에 투자하는 묘수도 주식을 할 때에 꼭 필요한 방법이다.

수익의 척도, BM지수

다음은 수익의 척도가 되는 벤치마크 대표지수에 대해 이야기해 보려 한다. 펀드투자에 활용되는 BM지수(벤치마크지수)는 펀드의 수익률을 평가하는 기준이 되는 대표지수이다.

대표적으로 코스닥과 코스피가 국내에서 가장 규모가 큰 주식 거래 시장 중 하나인데, 코스피는 주로 매출 규모가 크고 검증된 대기업들, 코스닥은 상대적으로 규모가 작은 벤처기업이나 중소기업들이 소속되어 있다.

- 코스피: 대기업 주식이 거래
- 코스닥: 중견, 중소기업이 거래
- 코스피200: 코스피 내 대표종목 200개 선출

· 나스닥100: 시총↑, 거래량↑인 비금융 기업 100개

· S&P500: 스탠더드앤푸어스에서 지정한 대형기업 주식 500개

이 시장은 어떻게 만들어진 걸까.

1980년 1월 4일, 코스피는 그때 당시에 한국에 있는 큰 기업들을 다 모아놓고 시가총액을 100으로 환산했다. 예를 들어 코스피에 상장하고자 하는 모든 기업들의 시가총액 합이 3,000억이라고 하면 이걸 100으로 환산한 것이다. 2023년 11월을 기준으로 코스피 지수가 약 2,500정도인데, 쉽게 말해 1980년 1월 4일에 대비해 경제 규모가 약 25배 되었다는 것이다. 만약 이 때부터 코스피 지수 전체에 투자를 한 사람이 있다면 그 자산이 25배 되었다는 뜻이기도 하다.

그러면 이제 코스피와 코스닥 지수를 확인했을 때 해당 시장이 열렸을 때를 기준으로 시장 규모가 얼마나 늘었는지 한 눈에 확인이 가능할 것이다.

코스피

2,469.85 ▼ 18.33 (-0.74%)

일봉　주봉　월봉　**1일**　3개월　1년　3년　10년

코스닥

799.06 ▼ 12.05 (-1.49%)

일봉　주봉　월봉　**1일**　3개월　1년　3년　10년

코스피는 지수로 나와있는 것처럼 코스피 시장이 열렸을 때 대비해서 약 25배가 됐었고, 코스닥은 코스닥이 열렸던 시점 대비해서 약 9배로 규모가 커졌다. 25배와 9배, 이래도 우리가 투자를 두려워하고 멀리해야 할까? 단기적인 시야로 하나의 종목에만 매달린다면 조금의 변화에도 위험함을 느끼고 한순간에 내 자산을 잃을 수 있다는 두려움에 빠질 수도 있다. 하지만 누군가 걱정스러운 마음에 투자를 미루는 동안, 장기적으로 43년간 코스피에 투자한 사람의 자산은 이미 25배로 늘어났다.

한국의 주식 시장인 코스피 중에서도 주요 기업 200개만 모아서 만든 게 있는데, 바로 코스피 200이다. 예를 들어 '코스피'라는 이름의 학급이 있다면 이 학급 내에서 공부도 잘하고 건강한 학생들만 표본으로 삼아 평균 점수를 내는 것이다. 그리고 이 평균 점수가 바로 어느 곳에 투자를 할 때 기본적으로 비교 대상이 되는 지표가 되는 것이다. 그래서 기업을 판단할 때에도 이 200 안에 들어갔는지 들어가지 못했는지에 따라 주가의 급등락이 생기기도 한다. 이 지표에 들어간다고 하면 인정받은 기업이라고 낙인 받은 것이나 다름없기 때문이다.

그리고 나머지 나스닥100과 S%P500은 미국에 있는 대표 지수이면서 동시에 투자를 할 때 이외로 말도 안 되는 수익을 안전하게 가져올 수 있는 투자처이기도 한다.

한국의 코스닥은 우리나라의 증권협회가 미국의 나스닥 시장을 벤치마킹해 만든 시장이다. 코스닥이 벤처기업이나 중소기업으로 구성되어 있던 것처럼 나스닥 또한 미국의 벤처 시장 기업들이 상장되어 있다. 나스닥100은 그 벤처 시장에 등록되어 있는 기업들 중에서도 금융회사들을 제외한 100개의 기업만 선별한 주가지수다.

그렇다면 한국의 코스피처럼 미국에서 안정성을 인정받은 대기업들이 상장되어 있는 시장은 무엇일까. 바로 뉴욕증권거래소다. 그럼 S&P500 또한 미국의 대표 지수라고 했는데 이건 무엇일까. 뉴욕증권거래소와 나스닥 시장에 있는 종목들 중에 우수한 실적을 내는 대형 기업 500개를 추려서 만든 지표가 바로 S&P500다. 이건 스탠더드 앤 푸어스라는 신용평가 기업에서 만든 지표이기 때문에 S&P라는 이름이 앞에 붙는다.

여기시 또 놀랄 수 있는 이야기가 하나 있는데, S&P500는 지난 10년 동안 매년 18%의 수익을 내왔고, 나스닥100은 매년 17%의 수익을 내왔다. 17%의 수익은 앞서 말한 1988년도 당시 한국의 적금 금리와 동일하다. 투자금이 4년마다 두 배가 되는 수준의 수익률이다.

나도 투자를 통해 이것저것 열심히 사고팔면서 6%의 수익률을 내왔었지만 처음으로 이 지수를 알게 되었을 때 현타가 크게 왔었다. 그러니 여러분은 나처럼 뒤늦게 후회하지 않도록 이런 좋은 투자처들을 놓치지 말고 지금이라도 당장 이 주가지수들을 살펴보길 바란다.

투자 시장의 입장료

금융은 그 어떤 것보다 차갑지만 사실 투자를 할 때에는 인문학적인 관점도 굉장히 중요하다. 이 투자 시장에 입장할 때 내야 할 입장료가 몇 가지 있는데 그것은 바로 시간과 감정 그리고 본업에 대한 능력 훼손이다.

주식이나 코인에 투자하는 많은 분들의 공통점 중 하나가 이 투

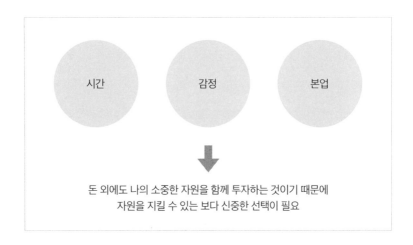

돈 외에도 나의 소중한 자원을 함께 투자하는 것이기 때문에
자원을 지킬 수 있는 보다 신중한 선택이 필요

자처에 대해 확신이 없는 만큼 쉴 새 없이 주가 창을 자주 보게 된다. 그것에 소비하는 시간과 주가가 떨어지고 있을 때 쉽게 무너지는 감정, 그리고 투자 외에 본인이 유지하고 있는 본업에 소홀하게 되어 업무능력이나 인사고과에 악영향을 끼치는 등 이 모든 위험들이 모두 투자에 포함되어 있는 비용이다. 그러니 이 모든 요소들을 살펴보며 본인이 주식투자에 맞는 성향인지, 이러한 주식투자 시장의 입장료가 내가 감당할 수 있는 선인지는 스스로가 현명하게 판단해보아야 한다.

물론 그럼에도 불구하고 나는 투자를 해야 한다고 추천하고 싶다. 물론 부단한 노력이 선행되어야겠지만, 일정 시간 공부와 실전을 거치고 나면 곧 안전하게 투자할 수 있는 방법을 깨닫게 되기 때문이다. 만약 아직 투자 환경에 대한 이야기가 생소하고 어렵다면 인터넷 서치, 유튜브 등을 통해 필요한 내용들을 찾아보면서 체득해보길 바란다. 그럼, 이번 챕터는 여기에서 마무리하고 이제 다음 챕터를 통해 간접투자와 직접투자에 대해 알아보도록 하자.

직접투자 VS 간접투자, 나에겐 뭐가 더 맞을까?

　여기까지 주식과 채권을 이해하고 투자 시장에 진입하기 전에 알아야 할 투자 환경에 대해 이야기를 나눴으니, 이제 실제로 투자에 입문하고자 하는 마음이 생겼다면 그 시작을 이왕이면 안전하게 했으면 한다. 투자를 시작할 때 내 자산이 안전하다는 마음이 들어야만 위협을 느끼지 않고 투자 생활을 지속해나갈 수 있기 때문이다. 이 지속이라는 건 비단 1~2년을 말하는 게 아니라 20~30대 나이부터 50~60대 혹은 이 이상으로 내 삶을 마무리하는 지점까지를 말하는 것이다.

그 때문에 나는 투자를 잘 모르는 시기에 초심자의 행운으로 큰 수익을 얻은 이들의 경우, 한 번의 성공 경험으로 인해 오히려 투자에 대한 인식을 무너트리는 결과를 얻게 되지 않았나 하는 생각을 한다. 실제로 주변에서 주식이나 재테크에 대해 한 번도 공부해보거나 깊게 고민해본 적 없는데 카카오나 네이버 등으로 큰 수익을 낸 후 간접투자가 답답하다고 하는 경우가 종종 있어 왔다..

물론 그 답답함 때문에 어쩌면 그들이 일생에 정말 큰돈이 생겼을 때 무리한 투자를 하다가 한 번에 크게 전 재산을 잃는 위험이 생길까봐 걱정되는 것도 사실이다. 간접투자나 직접투자 중 어떤 것이 무조건 나쁘다거나 위험하다는 건 아니지만 가능성을 열어두는 측면에서 더 안전할 수 있는 부분을 간접투자와 직접투자를 비교하며 이야기해보고자 한다.

직접투자의 위험

직장인들이 직접투자를 내려놓지 못하는 이유는 몇 가지 유형이 있다. 첫 번째로는 '워런 버핏이 장기투자하면 성공한다고 했어'라고 하며 일부 종목에 장기투자하는 이들이 있고, 두 번째는 '돈 불어나는 건 종목투자가 갑이야'라며 큰 수익을 추구하는 이들이 있다. 세 번째로는 '수익에서 펀드 수수료 떼고 이것저것 떼고 나면 뭐가 남느냐'며 수수료를 아까워하는 자린고비형과 마지막으로는 '나는 이 회사를 전적으로 믿어'라며 의심의 여지없는 굳건한 믿음으로 투자하는 종교신도형이다. 정보의 한계가 분명한 직장인이 직접투자를 통해 과연 얼마나 수익을 낼지는 모르겠지만 직접투자만을 고집하는 사람들은 이런 생각을 가지고 있는 경우가 많은 것 같다.

물론 기본적으로 투자 포트폴리오를 구성할 때 직접투자와 간접투자 모두 분배해야 한다. 다만 내가 그 투자시장에 대해 관여도가 얼마나 높은지, 시장에 대한 이해도가 얼마나 되는지에 따라 직접투자의 비중을 높여갈 수 있겠지만 모든 자산을 직접투자로만 운영하는 건 조금 불안한 일일 수 있다는 걸 말하고 싶다.

코스피, 코스닥에는 2,000종목 그리고 스펙, 우선주 이런 것들까지 포함하면 총 2,500개의 종목이 상장되어 있다. 그중에 2000년 이후에 상장 폐지된 종목이 700개이다. 내가 보험 이야기 때 했던 이야기가 기억나는가. 암은 최소 세 명 중 한 명은 발병되게 되어 있는데 그 비슷한 확률로 상장 폐지되는 종목이 나오고 있는 것이다.

종목 2,000개 중의 700개가 상장 폐지돼서 삼분의 일이 휴지조각이 되었다.

그리고 앞선 강의해서 말씀드렸던 벤치마크를 기억할 것이다. 코스피, 코스닥, 코스피200, 나스닥, S&P500. 이런 지수의 평균을 이긴 종목이 2,000 종목 중의 500종목밖에 안 된다. 전체 중 25%인 것이다. 즉 내가 욕심을 부리지 않으면 평균을 먹을 수 있는 확률을 놓치는 것이다. 네 명 중의 한 명만이 평균 이상의 수익을 내고 나머지 세 명은 평균 이하의 수익을 낸다.

직접투자가 위험한 이유로는 세 가지가 있다. 첫 번째, 정보의 갭이다. 이 책의 초반에 정보소득에 대해 설명할 때 정보의 속도가 정말 중요하다고 이야기했는데, 사실 우리가 알고 있는 정보는 조금 과장해 말하자면 저 위에 북한 인민군이나 지구 반대편 저개발 국가의 어느 누군가도 이미 알고 있는 정보일 가능성이 높다. 그렇기 때문에 우리 손안에 있는 정보가 돈으로 전환되기란 쉽지 않다. 모두가 좋다는 걸 알고 모두가 투자하고 있는 종목은 모두가 기대하고 있는 시점에서 주가가 잘 오르지 않는다. 그게 바로 정보의 갭이다.

두 번째는 세력의 갭이다. 정보와 상관없이 정말 많은 돈이 일시에 시장에 투입이 되면 그 종목은 주가가 올라가게 된다. 예를 들어, 온라인에서 입소문을 타고 개인 투자자들 사이에서 인기를 얻는 것을 일컫는 밈주식, 밈스탁의 대표주자였던 게임스탑이 바로 이런 경우였다.

어떤 금융 전문가들이 게임스탑을 공매도를 쳤다 '이 게임스탑은 별 볼일 없는 주식이니까 떨어져야 해' 하면서 숏을 친 것이다. 이들은 주가가 떨어지면 자기들이 돈을 벌도록 베팅을 걸어 놨는데 이에 반기를 든 개인투자자들이 한마음으로 뭉쳐서 그 주식의 주가를 미친 듯이 올려버렸다. 내가 만약에 그 금융전문가와 똑같은 방향을 타고 투자하고 있었다면 손쓸 틈도 없이 한 방에 망해버렸을 것이다.

정말 어마어마한 자금 규모를 갖고 있던 회사들이 이 밈스탁에 망해버렸다. 이게 바로 규모의 힘이다. 사실 이 규모는 보통 전문가들 집단에서 발생을 했었는데 당시 개미들이 주가를 움직일 수 있었던 이유는 바로 정보의 일반화 덕분이었다. 온라인을 통한 모든 정보들의 접근성이 높아지면서 이와 같은 사례도 일어난 것이다.

직접투자가 위험한 이유 세 번째는 바로 언제 찾아올지 모르는 금융위기다. 우리가 직접적으로 투자를 하다가 IT 닷컴 버블, 서브프라임 모기지, 혹은 비교적 근래에 겪은 코로나 같은 상황들을 정보 없이 맞닥뜨렸다고 생각해보자. 당장에 내 자산이 50%로 반 토막이 났다면 우리는 어떻게 될까? 이성적인 판단이 불가능해지는 순간이 올 것이다.

중국 같은 경우는 2007년도 당시에 상해종합지수가 기존 1,000 수준에서 6,000까지 미친 듯이 올라갔다. 거의 4배 가까이 올라 중국에 투자하면 무조건 부자 된다는 이야기가 나돌았다. 그리고 어쩌면 당연하게도 머지않아 다시 원래 주가 수준으로 떨어졌다. 이는 중국 입장에서는 금융위기와 똑같은 효과를 가져왔을 것이다. 수많은 사람이 스스로 생명을 끊는 등 충격적인 사건들이 많이 발생했다. 그리고 그러한 위기가 우리의 삶에도 언제든 찾아올 수 있다.

여기까지, 정보와 규모의 차이 그리고 금융위기라는 위험요소로 인해 우리가 직접적으로 두식 투자를 하는 게 위험과 불안을 동반하는 일이라는 점을 설명했다. 어쩌면 큰 목표를 가지고 눈앞에 당장 이익을 보고 싶은 사람에겐 답답하게 느껴질 수도 있을 것이다. 하지만 나는 조금 느리게 올라가더라도 가랑비에 옷 젖듯 꾸준한 이익을 볼 수 있는 간접투자를 통해 한 종목이 아닌 여러 넓은 범위에 투자해 수익을 내는 방법이 내 일도 열심히 하며 월급관리도 해야 하는 직장인들에게 조금 더 맞는 투자가 아닐까 싶다.

간접투자는 어떻게 할까?

간접투자는 다수가 돈을 모아 놓고 투자전문가들이 이 돈을 가지고 대신 투자해 주는 것이다. 만약 자동차를 놓고 본다면, 자동차 관련된 주식들을 수십 개에서 수백 개를 사서 하나의 종목에 왔다 갔다 하지 않게 해주는 것이다.

그 유명한 땅콩회항 같은 사건을 예로 들어보자. 해당 사건이 터졌을 때 대한항공의 주가가 엄청나게 급락했다. 만약 해당 종목 하나를 손에 들고 있었다면 사건의 여파를 온몸으로 체감했을 것이다. 대신 내가 비행 산업 ETF 혹은 여행 산업 ETF를 들고 있었으면 대한항공 하나의 주가가 내 수익률에 큰 타격을 주지 못했을 것이다. 그런 측면에서 내 자산 혹은 내 심리상태를 안전하게 유지하는 데에 간접투자의 장점이 있다.

	펀드	ETF	변액보험
수수료	약 1~2%	약 02~05%	약 5~7%
투자 방법	은행, 증권사에서 가입	거래소 주식매수와 동일	보험사 가입
비고	가장 대중적인 상품	상품 가장 많음	투자운용상품 적음

그 간접투자가 세 가지가 있다. 펀드, ETF, 변액보험 이렇게 세 가지다.

펀드는 우리가 흔히 알고 있는 은행 증권사에서 가입하는 상품이자 쉽게 접할 수 있는 가장 대중적인 상품이다. ETF는 뒤에서도 다시 자세히 설명하겠지만 쉽게 말해 여러 가지 주식이 묶여 있는 상품인데 하나의 주식처럼 사고팔 수 있는 거래 형태를 가지고 있다. 그리고 펀드보다 훨씬 더 상품이 많이 만들어지고 있으며 수수료가 0.2에서 0.5% 정도로 펀드보다 훨씬 더 낮다. 실제로 미국에는 수수료가 0%인 ETF도 있다.

마지막으로 변액보험은 보험사가 보험료의 일부를 주식이나 채권 등에 투자해 거기에서 발생한 수익을 고객에게 돌려주는 상품이다. 투자 이익을 배분함으로서 보험기간 중에 보험금이나 해지환급금 등이 변동해 '변액보험'이라고 부른다. 수수료가 펀드나 ETF

보다 훨씬 월등하게 높고 가입 또한 보험 회사에서 해야 하며 투자
운용 상품도 훨씬 적다.

그래서 만약 이 상품들 중에서 무엇을 해야 될까 딱 하나만 골라
야 한다면 묻고 따질 것 없이 ETF를 추천한다. 세계 3대 컨설팅 업체
로 손꼽히는 미국의 컨설팅 업체인 베인앤컴퍼니에서 트렌드 예측
모델을 내놓은 적이 있다. 수수료가 점점 낮아지고 상품은 점점 많
아지고 많은 사람들이 뉴스에서, 언론에서 관심 많이 갖고 있는 상
품을 그 시점에 가장 트렌디한 상품이라고 예측 모델을 내놓았는데,
그 여러 관점에 부합하는 상품이 ETF다. 때문에 ETF와 그리고 펀드
정도를 같이 간접투자를 하는 게 가장 이상적이라고 추천하고 싶다.

액티브 투자 VS 인덱스 투자

ETF와 펀드 등 여러 가지 간접투자 상품 중에서도 어떤 방식으
로 투자하냐에 따라서 액티브 투자와 인덱스 투자로 나눠지는데,
이에 대해 설명해보겠다.

액티브 투자	인덱스 투자
적극적인 종목 선정과 운영방식을 통해 시장초과 수익률을 추구하는 펀드	주가지표의 변동과 동일한 투자성과 실편을 목표로 하는 포트폴리오

마트에서 여러 가지 과자를 묶은 종합선물세트 상자를 팔고 있다. 그 과자의 구성은 당연히 인기가 좋은 제품들이다. 보통 사람들이 잘 사 먹는 맛있는 과자들이 여러 개 묶여 있고 나는 여기에 포함된 과자 종류들이 마음에 들어서 굳이 낱개로 사지 않고 종합선물세트를 구매하고자 한다, 이 방식이 바로 인덱스 투자다. 인덱스는 한 번 지정한 주식 종목들을 바꾸지 않고 쭉 가져가서 평균 점수를 유지하는 형태이다.

반대로 액티브 투자는 마트에서 종합선물세트를 구성할 때 소비자의 의견이나 판매에 따라 반응이 더 좋은 과자는 더 많이 구성하고 반응이 없는 과자는 빼버리는 등 구성을 계속 바꾸는 것과 같다. 더 좋아 보이는 주식을 사고 안 좋아 보이는 주식을 팔고 적극적으로 매매를 하는 것이다.

즉 인덱스는 처음에 주식을 고정해 놓고 가져가는 것이기 때문에 운용매니저가 할 일이 적어져 인건비가 적게 드는 등 수수료에 반영된다. 액티브는 적극적으로 사고팔고 하기 때문에 인건비가 그만큼 많이 드니 수수료도 함께 커진다.

그래서 운용매니저가 더 열심히 노력해 종목을 골라내는 액티브 투자에 더 높은 수익률을 기대한다는 게 일반적인 생각일 것이다. 그런데 아이러니한 점은 인덱스 펀드와 액티브 펀드의 수익률을 비교할 경우 인덱스가 장기적으로 더 높은 수익률을 기록했다는 것이다.

이와 관련해 재미있는 실험이 하나 있다. 1973년 프린스턴 대학

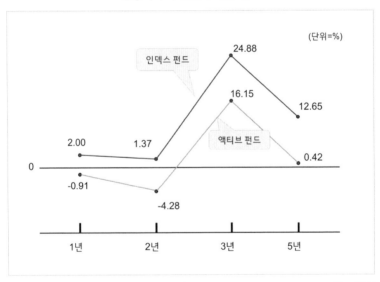

중장기 투자 펀드 수익률 비교

*액티브 펀드는 중소형주·배당 펀드 제외한 주식 펀드
**인덱스 펀드는 코스피 추종 펀드, 누적수익률 기준

자료: 제로인

3장

의 버튼 G. 맬킬 교수는 주가가 이미 효율적이라 원숭이가 종목을 선택해 투자해도 펀드매니저와 비슷한 실적을 낼 것이라 주장했다. 이 주장에 대해 미국 월스트리트에서는 정말 원숭이와 펀드매니저의 투자 대결을 진행했다. 하나는 종목들을 골라 다트판에 적어둔 후 다트를 던져 고르는 식으로 원숭이의 선택지를 만들고 나머지 하나는 주식투자 전문가인 펀드매니저가 직접 종목을 골라 대결한 것이다.

과연 누가 이겼을까? 승자는 원숭이였다. 두 선택지 상의 수익률을 비교했는데 원숭이의 수익률이 펀드매니저의 수익률보다 높았던 것이다. 전문가의 선택이 그저 운에 맡겨 다트를 던져 나온 결과보다 더 나은 결과를 가져오지 못한 이유는 무엇이었을까?

사람의 행동은 기민한 사고를 통해 결정된다. 때문에 '내가 어느 정도 수익을 얻었으니 더는 안 오를 거야. 이제 익절해야지'하며 참지 못하고 팔고 나오는 상황이 생긴다. 하지만 만약 그 주식이 산업을 주도하는 종목이었다면 어땠을까. 높은 수익을 가져갈 기회를 다 놓쳐버리는 것이다. 그래서 차라리 믿을 수 있다고 인정받은 우량주 혹은 성장주는 얼마에 사고팔지 호들갑떨며 전전긍긍하는 것보다 꾸준히 묻어두고 들고 가는 게 보다 높은 수익률을 낼 가능성이 통상적으로 높아진다.

최근에는 워낙 유명한 극소수의 투자자들이 액티브 투자를 통해서 인덱스보다 월등한 수익을 내기도 한다. 근데 이것은 잠깐 머릿속에 덮어놓길 바란다. 월급쟁이 직장인이 투자하기에는 인덱스가 장기적으로 정신 상태를 안전하게 가지고 갈 수 있는 투자 방법이다.

간접투자, 분명히 조금 답답할 수도 있다. 누구는 한 종목 사서 급등했는데 내 펀드는 2%, 3%밖에 안 올라서 답답할 수도 있다. 하지만 그렇게 큰 수익을 한 번 맛본 이들은 내가 투자할 종목을 선별할 수 있는 진짜 가치와는 별개로 계속 종목을 옮겨 다니며 큰 규모의 위험한 투자를 이어가게 되고 어느 순간 투자 자산이 50% 이하로 하락하게 된다. 그간 얼마나 많이 벌었다고 해도 마지막에 한 번 50% 하락하게 되면 자산은 반 토막이 나버리는 것이다.

반대로 간접 투자는 내가 로또에 당첨된 것처럼 크게 벌 일은 없겠지만 마찬가지로 반 토막 날 일은 절대 없다. 그러니 우리가 직장인이라는 것과 매일같이 주식시장만 들여다보며 경제 공부를 열심히 지속적으로 하기 어려운 환경이라는 것, 이 두 가지를 명심한다면 간접투자가 이상적인 방법이라는 걸 알게 될 것이다.

3장

금리가 낮아질 땐 '이곳'에 투자하세요

오늘부터 시작하는 펀드

앞서 간접투자와 직접투자의 장단점에 대해 이야기해 보았다. 이번에는 간접투자 방법으로 소개했던 펀드, ETF, 변액보험 중 펀드에 대해 좀 더 자세히 살펴보려 한다.

간접투자의 대명사인 펀드는 재테크의 뉴노멀, '새로운 일반화'라고도 불리는데, 금리가 낮아졌을 때 자산을 불릴 수 있는 가장 대표적인 상품이며 주식이나 채권, 부동산 등에 간적접으로 투자하는 상품들을 말한다. 펀드를 투자 방식 중 하나로 소개하긴 하지만 저축용으로 활용도가 높은 상품이라는 점도 알고 가야 한다.

사실 펀드의 혜택이 확정적이진 않기 때문에 왜 저축상품으로 추천할까 싶겠지만 우리가 이 펀드라는 걸 해야 하는 이유는 최소한 예·적금보다 두세 배 정도의 수익은 내고 싶다는 열망을 해소해주기 때문이다.

펀드로 안정적인 배당이나 우량주에 투자했을 때는 대략 4~5% 정도 수익을 기대할 수 있고 위험한 투자처에 투자하신다는 가정하에는 15% 정도 기대할 수 있지만 사실 위험을 안고 간다는 점에서 사실상 확정적인 숫자는 의미가 없으니, 수치에 너무 집착하지 않길 바란다.

이러한 펀드상품에는 내 자산 중 어느 정도의 비율을 투자하는게 좋을까? 앞서 여러 번 강조한 대로 3년 내에 확정적으로 사용할 단기 목적 자금이나 매달 필수적으로 나가야 하는 생활비, 보험이나 연금 등에 넣을 돈은 우선적으로 제외해야 한다. 그리고 이 자금들을 제외한 나머지 여유 자금을 펀드로 운용하면 된다. 펀드에 자산을 투자할 때는 투자할 금액 중 절반 이상을 이 인덱스펀드에 넣어 안정성을 유지하길 추천한다.

펀드에는 세제 혜택도 있는데, 국내 주식에 투자할 경우 그에 대해 비과세 혜택이 주어지고, 해외 주식 같은 경우에는 그 이자에 대해 250만 원까지는 세금을 부과하지 않는다.

처음 펀드에 투자하려고 알아보려면 어려움이 있을 텐데 그럴 때 도움되는 플랫폼이 하나 있다. 여러 펀드들을 비교해볼 수 있는 '펀드다모아'라는 채널인데, 해당 사이트를 통해 펀드 상품을 고를 경우 이왕이면 수수료가 적은 상품을 고르는 것을 추천한다.

혹시 펀드와 같은 투자가 처음이라면 아주 적은 소액이라도 오늘 당장 투자를 시작하며 재테크 공부를 경험해보길 바란다. 재테크와 경제 공부를 먼저 다 끝내고 실전 경험을 쌓는다고 해서 바로 좋은 결과를 낼 수 있는 게 아니다. 실전 투자를 통해 몸으로 배우며 경험하는 게 중요하다.

이 선후관계를 모르고 우선 이론부터 마스터하길 고집한다면 당신의 자산을 불려줄 아까운 시간만 낭비하고 재테크 시작만 늦어질 뿐이다.

펀드 이해하기

<u>한화</u> 글로벌 헬스케어 <u>증권자</u> 신탁 <u>1호</u> <u>(주식)</u> <u>A</u>
ⓛ   ②   ③   ④   ⑤   ⑥

펀드의 기초 중에 기초가 되는 펀드 이름 읽는 법을 먼저 배워보
자. ① 펀드 이름에서 제일 앞에 있는 건 자산운용사의 이름이다.
이곳에 투자한다는 의미가 아니라 어떤 회사에서 이 펀드를 만들었
는지에 대한 부분이다.

②는 투자 대상과 전략을 나타내는 부분으로 '글로벌 헬스케어'
그러니까 전 세계적으로 노후케어 시장에 종사하는 주식들을 투자
한다는 의미로 보면 된다. ③은 투자 형태를 나타내는 건데, 증권자
의 경우 마지막 글자는 한자 子 자로 재간접펀드를 의미한다. 재간
접펀드란 내가 펀드라는 방식을 통해 투자하지만 그 투자 대상도
또 펀드가 되는 경우다. ④는 쉽게 설명해 시리즈 영화를 떠올려보
면 좋다. 인기가 많은 영화는 1편을 이어 2, 3편의 후속작이 제작되
는데 이와 같이 '1호'라는 건 여러 개의 시리즈 중 첫 번째 시리즈라
는 걸 의미한다. ⑤는 해당 펀드가 주식이 메인이라는 걸 의미하고,

그리고 마지막 ⑥는 수수료를 떼는 방식을 의미하는데, A·B·C에 따라 A는 선취 수수료, B는 후취 수수료 그리고 C는 운용 보수에서 매달 조금씩 갉아먹는 식으로 떼는 방식이다.

어떤 펀드를 선택할까?

이왕이면 펀드 규모는 큰 상품이 좋은데, 만약 똑같은 글로벌 헬스케어에 투자한다고 했을 때 A 회사에서 투자한 모금액은 1,000억이고 B 회사에서 만든 펀드는 2,000억이라고 한다면 B 회사가 조금 더 운용을 잘하거나 유능한 펀드 매니저가 있기 때문에 더 많은 돈이 모여 있다고 보면 판단이 쉽다.

금융시장은 철저하게 파레토의 법칙을 따른다. 상위 20%의 사람들이 전체 부의 80%를 거머쥐고 의사결정을 한다. 때문에 규모가 곧 그 의사결정이 지표화되어서 나타난 것이라고 보고 더 많은 돈이 모여 있는 곳이 소위 말하는 '더 나은 펀드'라고 보면 된다. 만약 금액도 비슷하고 투자 대상도 비슷하다면 수수료가 조금 더 적은 상품을 고르는 걸 추천한다.

아까 추천한 펀드다모아 사이트나 혹은 펀드 상품들을 비교해 볼 수 있는 여러 가지 플랫폼을 살펴보게 되면 수익률을 비교하실 수 있다. 또한 내가 가입하려고 하는 펀드를 찾아보면 수익률로 비교했을 때 연간 몇 위를 했는지, 작년에는 몇 위를 했는지 등을 확인할 수 있는데 편차가 높은 펀드보다는 순위가 낮더라도 꾸준하게 5위, 6위 이렇게 수익률이 꾸준한 성과를 보인 것이 내 자산 관리하는 차원에서 조금 더 안정적인 결과를 가져올 수 있는 펀드라고 이야기하고 싶다.

좋은 펀드 고르는 법

· 규모가 큰 펀드
· 운용 능력과 시스템 등이 우수한 운용사
· 여러 판매사에서 판매하는 펀드
· 낮은 수수료 (만기 이전의 패널티, 환매수수료도 확인하자)
· 꾸준한 수익률
· 안정성을 위해 분할매수 하기

사실 여기까지 설명한 내용들은 너무나 상식적인 것이다. 돈이 많이 모여 있는 상품, 수수료가 작은 상품, 수익률이 오락가락하는 것보다는 안정적으로 유지되고 있는 상품 등 좋은 상품을 골라낼 수 있는 지표들 말이다. 그러니 무턱대고 아무 상품이나 가입하기 전에 어떤 부분들을 살펴봐야 하는지 꼭 확인해 보고 좋은 상품들을 골라내시길 바란다.

이 챕터를 시작할 때 펀드는 투자이기도 하지만 저축용으로도 활용도가 높다는 말을 했다. 펀드와 적금으로 동일한 금액을 동일한 기간 동안 납입해 결과를 비교해보았다. 적금의 이자율은 단리 1.9%였고 펀드의 누적수익률은 6%였다. 그 결과 적금과 펀드로 받은 이자와 수익금이 각각 2만 4,379원과 12만 8,610원으로 대략 여섯 배 가까이 차이가 났다.

조건: 20만 원 13개월 납입		적금이자 2만 4,379원
원금: 260만 원		펀드 수익금 12만 8,610원

거듭 말하지만 펀드의 수익은 확정적이지 않다. 하지만 내가 안

정적인 펀드를 골라낼 수 있는 능력이 있다는 것 그리고 2, 3년 내에 쓰지 않을 돈을 굴려 투자하는 것이라는 그 두 가지 전제가 합쳐지면 꽤 괜찮은 수익률을 낼 수 있는 상품들을 통해 만족스러운 수익을 낼 수 있다.

손 안 대고 코 푸는
직장인 ETF 투자

ETF가 뭔데?

이번에는 내 자산을 적극적으로 늘려주는 ETF를 본격적으로 이야기해 보자. 한가지 바라는 점이 있다면 이 글을 읽고 난 후에 ETF를 한두 개 사보았으면 하는 것이다. 직접 돈을 넣어야 완벽하게 공부가 되기 때문이다.

일단 ETF(exchange trade fund)가 무엇인지 먼저 알아보자. 우리말로는 상장지수펀드다. 즉, 펀드라는 소리니까 주식이나 채권이 여러 종목 섞여 있는 상품이라는 뜻이다. 일반 펀드와 다른 점은 주식시장에서 내가 직접 사고팔 수 있다는 것이다.

당연히 ETF 하나에만 투자하더라도 내 돈이 여러 종목에 골고루 분산되므로 변동성이 적을 것이며 상장폐지가 될 가능성이 사실상 거의 없다고 봐도 무방하다. 앞서 말했듯이 주식 시장에 상장된 2,000가지 종목을 20년 후에 다시 살펴보니 무려 700종목이나 사라졌다고 했다. 하지만 ETF는 이런 리스크를 전혀 지지 않아도 된다는 뜻이다.

또한 시장 하락에도 쉽게 대응할 수 있다. 수식 좀 해 본 사람들은 이렇게 말한다. "(기관은 공매도를 할 수 있으니) 주가가 떨어질 때도 베팅해서 돈을 버니 부럽다." 그런데 사실은 개인 투자자도 ETF를 통해서 비슷한 선택이 가능하다. 바로 인버스라는 상품을 통하는 것이다.

하지만 나는 이 방법을 권하지는 않는다. 그 이유는 조금 후에 다루기로 하고, 우선 평범한 직장인이 ETF를 해야 하는 이유부터 알아보자.

직장인이 ETF 투자를 해야 하는 이유

첫 번째, 개별주식에 투자해서는 절대 내가 시장을 이길 가능성이 없다. 왜냐하면 앞서 직접투자와 간접투자에 대해 설명할 때 말했듯이 벤치마크지수를 이기는 비율이 25%밖에 되지 않기 때문이다. 내가 시장을 이길 수 있다고 가정한다면 그건 대부분 오판이다. 내가 주식의 왕, 아니 주식의 신이 아니라는 점을 인정하는 순간 가장 현명한 투자 방법은 간접투자, 그중에서도 ETF라는 사실을 알게 된다.

ETF를 하면 좋은 점이 또 하나 있다. 그건 바로 하나의 기업을 보기보다 커다란 산업과 경제만 보면 된다는 것이다. "○○기업이 이번에 회계감사 엉망으로 했다던데? 큰일 나는 거 아냐? 재무제표를 개판으로 썼다던데." "야, ××기업은 이번에 이상한 놈이 경영권을 잡았다더라. 오너 리스크가 심해지겠어." "내가 주식 산 기업은 M&A 넘어간다는 소문이 돈다. 어쩌지?" 이런 사사로운 일을 단 하나도 신경 쓰지 않아도 된다. 그냥 "지금은 경기가 얼어붙었지만 그래도 필수재를 파는 기업 주가는 계속 버틴다더라"는 정도만 알고 있어도 충분하다.

실제로 코로나 시절에 초코파이 같은 상품처럼 먹고 사는 것에 관한 종목은 별다른 타격이 없었다. 코로나 치료제가 나오든 나오지 않든 밥은 먹어야 하기 때문이다. 이 정도 지식만 가지고 있어도 ETF는 할 만하다. 한 산업이 잘될지 말지에 대한 판단만 하면 되니까 내가 공부해야 할 영역이 훨씬 줄어든다. 게다가 산업에 대한 공부는 당연히 커다란 경제 공부로 이어지는데, 이는 재미를 붙이고 나면 공부라기보다는 상식의 영역, 취미의 영역이 된다.

하지만 하나의 기업에 대한 공부는 사실 경제적 안목을 늘려주지는 못한다. 경우에 따라서는 "내가 이런 가십을 뭐에 쓰지?"라고 느꼈다면 정답이다. 회계감사니 오너의 성향이니 하는 것을 찾아볼 시간에 금리 인상과 인하가 경제에 어떤 영향을 주는지, 주가와는 어떤 관계가 있는지 같은 것을 알아보자.

이렇게 좋은 ETF지만 한 가지 단점이 있다. 사실은 당연한 일인데, 특정 개별 종목에 투자해서 대박을 내는 경우에 비하면 수익률이 낮을 수밖에 없다. 또한 거래량이 적은 ETF에 투자했을 경우에는 내가 원하는 값에 거래하지 못할 수도 있다. 이렇게 생각해보자. 우리 동네에 어떤 단독주택이 있다. 그 단독주택은 누군가 한 번 이사를 오면 적어도 10년은 산다. 그러니 10년에 한 번 거래가 열릴까

말까 한다.

이런 주택은 거래가 열린 '그 타이밍'에 누가 살 것인가에 따라서 값이 결정된다. 만약 사려는 사람이 이 집을 강력히 원한다면 후한 값을 치를 수도 있을 것이다.

하지만 반대도 가능하다. 당근마켓에 육아 용품을 올려놨다고 해보자. 그런데 이 근처에는 20대 독신이 주로 산다. 아무도 육아 용품을 사려고 하지 않을 테고, 분명히 3만 원에 팔릴 만한 물건인데 울며 겨자 먹기로 2만 5,000원에 넘겨야 할 수도 있다. 바로 그런 개념이다. 거래가 적을 경우에는 실제 가치보다 높거나 낮은 가격이 형성이 될 수도 있다.

국내 ETF 운용사 현황

여기까지 이해했다면 이번에는 국내 ETF 운용사의 구체적인 샘플을 뜯어보도록 하자.

운용사	ETF 이름	ETF 수	순자산총액(억)
삼성자산운용	KODEX	109	263,752
미래에셋자산운용	TIGER	123	118,145
케이비자산운용	KBSTAR	73	38,740
한국투자신탁운용	KINDEX	37	19,297
한화자산운용	ARIRANG	48	18,166
엔에이치아문디자산운용	HANARO	12	17,071
키움투자자산운용	KOSEF	27	14,935
신한비엔피파리바자산운용	SMART	4	5,560
교보악사자산운용	파워	5	1,772
하이자산운용	FOCUS	2	370
유리에셋	TREX	3	346
디비자산운용	마이티	3	262
마이다스에셋	마이다스	1	208
하나USB자산운용	KTOP	1	106
흥국자산운용	흥국	1	86
총합계	-		498,816

펀드 이름 제일 앞에 있는 게 자산운용사 이름이라고 설명한 적 있었는데, ETF도 이와 같다. 상품 이름 제일 앞에 붙어 있는 KODEX, TIGER, KBSTAR, KINDEX 같은 말은 사실 자산운용사의 이름이라

고 보면 된다. 그중에서도 삼성자산운용에서 만든 KODEX나 미래에셋자산운용에서 만든 TIGER, 그리고 한국투자신탁운용에서 만든 KINDEX 정도가 최근 가장 활발하게 거래되고 있으며 다양한 상품이 준비되어 있다.

자, 그럼 ETF에 대한 상세한 정보는 어디에서 얻을까? 아주 쉽다. 네이버나 구글에 들어가서 원하는 종목을 검색해보자. 그 ETF의 모든 상세 정보를 확인할 수 있다. 더 좋은 건 이 ETF가 담고 있는 주식이 무엇인지도 실시간으로 확인 가능하다는 점이다. 실시간이 왜 중요할까? 펀드는 3개월 전까지 부여했던 종목에 대해서 공시해야 할 의무를 가지고 있다. 그러나 ETF는 지금 당장의 정보를 알 수 있다. 즉, 이 ETF 상품이 어떤 종목을 골랐는지 내가 바로 확인하고, 따라할 수도 있다는 것이다.

시험 삼아 KODEX 반도체라는 상품을 분석해보자. 'KODEX 반도체'라는 이름은 '삼성자산운용이라는 회사에서 만든 반도체 ETF이며 반도체 사업을 하고 있는 여러 주식을 섞어놓은 상품이군'이라고 읽을 수 있다. 그럼 이 상품을 포털 사이트에 검색해보자.

시세 및 주주현황

[기준:23.11.17]

종가/전일대비/수익률	34,075원 / -95원 / -0.28%
52주 최고/최저	35,555원 / 21,187원
상장주식수	17,150천주
거래량/거래대금	670,327주 / 22,959백만원
20일평균 거래량/거래대금	586,119 주 / 19,038백만원
시가총액	5,844억원
52주베타	1.27
외국인지분율	0.88%
수익률(1M/3M/6M/1Y)	+3.10 / +4.59% / +24.50% / +33.69%

친절하게도 장표가 전부 보인다. 거래량, 고·저가, 시가 등의 정보가 있고 이 상품이 33%의 수익률을 냈다는 사실도 알 수 있다.

3장

상품개요

기초지수명	KRX 반도체
최초설정일/상장일	2006-06-26 / 2006-06-27
펀드형태	수익증권형
총보수	0.450%
분배금기준일	매 1, 4, 7, 10월의 마지막 영업일 및 회계기간 종료일(종료일이 영업일이 아닌 경우 종료일의 직전 영업일)
유동성공급자(LP)	신한증권, 미래에셋증권, 유진증권, 메리츠, NH투자증권, KB증권, 한화투자, 현대차증권, 유안타증권, SK증권, 삼성증권, DB금투, 키움증권, 하나증권, 이베스트, IBK증권, BNK증권
자산운용사	삼성자산운용(주)
홈페이지	http://www.kodex.com

CU당 구성종목 [기준:23.11.17]

구성종목명	주식수(계약수)	구성비중(%)
SK하이닉스	2,742	20.89
삼성전자	4,548	19.33
한미반도체	1,496	5.51
DB하이텍	1,226	3.98
리노공업	346	3.53
HPSP	1,588	3.45
이오테크닉스	293	2.71

CU당 구성종목 TOP 10

원익IPS(2.39%)
주성엔지니어링(2.57%)
이오테크닉스(2.71%)
HPSP(3.45%)
리노공업(3.53%)
DB하이텍(3.98%)
한미반도체(5.51%)
SK하이닉스(20.89%)
삼성전자(19.33%)

상품 개요에는 총보수가 0.45%라고 기재되어 있는데 이는 수수료가 4,500원 정도라는 말이다. 아래로 CU당 구성종목이라는 항목을 보면 반도체 회사 중에서도 KODEX 반도체가 담고 있는 종목이 쭉 나온다. SK하이닉스, DB하이텍, 리노공업, 원익IPS 등이다. 사실 반도체라는 하나의 산업 내에서도 '지금 시점'에 제일 유망한 기업은 달라질 수 있다.

지금 시점에서는 SK하이닉스에서 만든 반도체가 제일 잘 나가더라도 언젠가는 DB하이텍이나 원익IPS에서 만든 반도체가 주류가 될 수도 있다. 내가 만약에 SK하이닉스의 주식만 가지고 있다면 업계의 대세가 바뀌는 순간 나의 수익률도 곤두박질칠 수 있다.

하지만 반도체 ETF를 들고 있다면? 반도체 산업의 평균 성장세만큼 수익을 얻게 되는 것이다. 그냥 눈 감고 편하게 있어도 안전하게 장기적으로 갈 수 있는 투자 방법이니 꼭 눈여겨보기를 바란다.

그런데도 개별 주식투자를 원한다면

이렇게 피를 토하며 설명해도 개별주식을 하겠다는 분들이 있다면 마지막으로 한 가지 자료를 더 살펴보려고 한다. 다음 장에 나와 있는 것은 'SK하이닉스'와 'KODEX 반도체'의 10년간의 상승률 그래프다. 어떤가? 두 종목의 그래프는 거의 비슷한 추이를 보이며 상승·하락한다.

물론 경우에 따라 개별 주식의 상승률이 더 나을 때도 있다. 하지만 다음 장의 자료를 보자.

휠라홀딩스 081660 코스피 · 2023.11.20 14:02 기준(장중) 실시간 기업개요 ▾

38,150
전일대비 ▲400 +1.06%

전일 37,750	고가 38,250 (상한가 49,050)	거래량 39,918
시가 37,500	저가 37,250 (하한가 26,450)	거래대금 1,513 백만

선차트 1일 1주일 3개월 1년 3년 5년 10년 · 봉차트 일봉 주봉 월봉

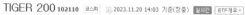

TIGER 200 102110 코스피 · 2023.11.20 14:03 기준(장중) 실시간 ETF개요 ▾

33,680
전일대비 ▲335 +1.00%

전일 33,345	고가 33,690 (상한가 43,345)	거래량 1,443,348
시가 33,260	저가 33,255 (하한가 23,345)	거래대금 48,446 백만

선차트 1일 1주일 3개월 1년 3년 5년 10년 · 봉차트 일봉 주봉 월봉

휠라홀딩스와 TIGER 200을 비교한 것이다. 지금이 두 종목이 최하점을 찍은 후인 2020년 4월이라고 가정해보자. 당신은 이렇게 생각할 것이다. "이제 경제가 바닥을 치고 올라올 거야. 그러니까 패션에 투자해보자." 그래서 휠라홀딩스의 주식을 샀다면, 다행히 약간 이득을 얻었을 것이다. 2020년 4월 최저점을 찍고 올라오는 모양새이기 때문이다.

그런데 휠라라는 옷이 유행할 때도 있지만 아닐 때도 있다. 이번 시즌에 어느 브랜드가 인기 있을지는 예측하기 어렵다. 이런 일에 대비해서 그냥 TIGER 200라는 ETF에 가입한다면 어땠을까? 이 ETF는 경기 소비재를 모아 놓은 것이다. 경기가 좋아지면 사람들이 돈을 쓸 것 같은 기업에만 투자하는 것으로, 예를 들어 강원랜드, 호텔, 숙박업소, 옷, 백화점 같은 회사들이다. 2020년 4월 이후 휠라홀딩스보다 TIGER 200의 상승률이 훨씬 더 가파르다. 굳이 꼭 개별 종목을 선택하지 않아도 산업 동향만 가지고 안정적인 수익을 가져갈 수 있는 것이다.

그럼에도 불구하고 굳이 '카카오를 살까, 네이버를 살까' 고민하는 사람을 정말 많이 봤다. 정답은 이것이다. "그냥 다 사세요." K-뉴딜 인터넷 ETF 같은 것들을 보면 인터넷 기업이 다 들어가 있다.

펄어비스라든지 엔씨소프트라든지 네이버, 카카오 등이 말이다. 왜 군이 한 종목을 들고 가서 급등하거나 급락하는 위험을 감내하는 가. 때로는 조금 느리지만 오래도록 가랑비에 옷 젖듯 계속해서 우 상향하는 ETF를 사라. 정신 건강에도 이롭고, 심신이 편안하니 직 장생활도 열심히 할 수 있다.

마지막 꿀팁. 주식계좌에서 그냥 ETF를 클릭하고 검색해보면 무 수하게 많은 상품이 나온다. 똑같은 반도체 중에서도 KODEX 반도 체와 TIGER 반도체가 있을 것이다. 그러면 어떤 ETF를 골라야 할 까? 당연히 거래량은 많고 수수료는 낮은 상품을 고르면 된다. 너무 같은 이야기만 반복한다고 지루해하지 말길 바란다. 그만큼 중요 하다는 뜻이니까. 나는 시장을 이길 수 없고, 대안은 ETF라는 것을 꼭 기억하라.

직장인에게 맞는 투자 전략은 따로 있다

투자는 고집으로 접근하면 부러진다. 상식선을 벗어난 투자는 언젠가 크게 넘어지기 마련이다. 이번에는 투자할 때 알아야 할 전략을 알아보자.

방향성 전략

방향성 전략이란 시장이 좋아지는가, 나빠지는가를 보고 투자하는 것이다. 주식시장이 상승세일 때 주가도 같이 올라가는 산업이 있는가 하면, 주식시장이 하락세일 때 주가가 버텨주거나 오히려 올라가는 산업도 있다. 다음의 흐름을 떠올려보자.

① 경기가 안 좋아지고 주식시장이 바닥으로 내려간다.

② 국가 전체의 경기도 덩달아 안 좋아진다.

③ 경기가 안 좋아지면 정부가 시장에 돈을 푼다. (=돈을 싼 값에 쓸 수 있도록 금리가 떨어진다.)

④ 그러면 그 돈들은 어떻게 될까? 다시 주식시장, 투자시장으로 들어간다.

⑤ 사람들이 돈을 어딘가에 투자하기 시작하므로 당연히 금융사, 은행, 증권사, 보험사 같은 금융사는 돈을 벌 수밖에 없다.

⑥ 이것을 시작으로 다시 점점 경기가 올라오면서 자동차, 테크놀로지 기술 자본재, 에너지 등이 활기를 찾게 된다.

경기는 언제나 이러한 흐름으로 순환된다는 것을 기억하고 내가 결정을 내리는 타이밍이 이 흐름 중 어느 때인지를 정확히 인지해 올바른 판단을 해야 한다.

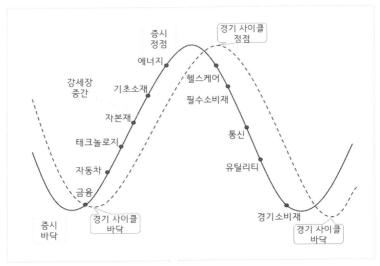

경기 사이클에 따른 강세 산업

자료: 삼성증권

예를 들어, 시장이 나쁠 때는 필수소비재에 투자해야 '방어'에 유리하다. 아무리 주머니가 가벼워도 밥은 먹고, 잠은 자야 하기 때문이다. 불경기가 왔을 때 우리가 새로운 스마트폰을 구매하지는 못하겠지만 기존에 사용하던 통신 요금은 계속 낼 가능성이 높다. 경기가 안 좋다고 해서 통신을 해지하지는 않는다. 그러므로 통신사의 주가는 방어가 된다.

그러다가 경기가 바닥을 찍으면 그때부터는 경기소비재가 다시 올라간다. 정리하자면 상승기에는 자동차, 철강, 경기 민감주가 좋고, 하락기에는 헬스케어, 게임, 유틸리티, 필수재가 좋다. 그래서 나는 투자할 때 하락기와 상승기에 좋아지는 산업들을 정리해서 적어놓고 매월 월급 관리하는 날에 이것들의 주가가 어떤지 살핀다. 지금이 경기가 좋아지는 시점인지, 나빠지는 시점인지, 그리고 그 시점에 사야 할 주식이 무엇인지 확인하는 것이다.

섹터 로테이션 전략

섹터 로테이션이란 경기 변동에 따라 여러 산업 분야를 시기에 맞게 번갈아 가며 이동해 수익을 극대화하는 전략이다. 경기 흐름에 따라 유망 업종에 순차적으로 투자하는 건데, 변동성이 큰 시장에서 유용하다. 급변하는 시장에서 내가 원하는 종목만 고집하다가 하락장이 와 손실을 입는 걸 방지하기 위해 빠르게 트렌드를 읽어내 포트폴리오를 조율해나가야 한다. 경기 흐름뿐만 아니라 금리나 경제성장, 규제 변화 등 여러 요인의 영향을 받을 수 있기 때문에 시장의 흐름을 포착해내는 게 관건이다.

특히 여러 요인 중 금리 변화에 따라 좋아지고 나빠지는 산업도 있다. 금리 변동이 시작하는 시점을 봄, 다 좋아진 정점을 여름, 떨어지기 시작하는 시점을 가을, 제일 안 좋아지는 추운 시점을 겨울이라고 비유해보자.

각 계절에 움직이는 산업들로 봄은 금융·산업재, 여름은 정보·에너지, 가을은 원자재·임의 소비재, 겨울은 유틸리티·부동산 등이 있다. 그러니 현재의 금리 변동을 확인하고 지금이 무슨 계절인지 인지해 어떤 산업재와 ETF를 살지 확인해야 한다.

핵심위성 전략

핵심위성 전략은 가장 이상적인 전략 중 하나로 반드시 따라 하기를 추천한다. 간단히 말해서 투자 자산의 절반 혹은 그 이상은 시장의 대표지수에 인덱스 투자하고, 나머지 절반 혹은 그 이하를 시장 주도주에 투자하거나 액티브 투자하는 것이다.

행성을 중심으로 그 주변을 도는 위성을 떠올려보자. 시장 대표 지수는 행성이고, 시장 주도주는 위성이다. 누군가는 "너무 소극적

이라서 언제 돈을 벌죠?"라고 물을지도 모른다. 그런데 나스닥 100
은 최근 10년 동안 연 17%, S&P500은 최근 10년 동안 7~8%의 수익
을 기록했다. 시장의 전체 평균에 투자하는 상품이었지만 결코 적
지 않은 수익을 낸 것이다.

물론 금융위기가 오면 수익성이 떨어지기도 하지만, 이는 2~3년
만 지나면 해결되는 문제다. (그러므로 금융위기는 그 자체로 큰 문제가 아니다.
2~3년 내로 써야 하는 돈은 투자하지 않아야 한다는 점만 명심하면 말이다.) 그러니 투자
자금의 절반 혹은 그 이상을 S&P 주도주에 투자하고, 나머지 절반
을 시장 주도주에 투자하기를 권한다.

직장인 맞춤 무신경 포트폴리오

앞서 투자 전략 세 가지를 설명했다. 이번에는 어떤 종목에 어떻
게 투자해야 할지 모르는 직장인을 위해 나만의 포트폴리오를 만들
어보기로 하자.

쉽게 따라할 수 있는 포트폴리오가 하나 있는데 바로 무신경 포
트폴리오다. 내가 신경을 하나도 쓰지 않겠다고 했을 때 따라 할 수

있는 포트폴리오인데 그래도 매년 4~6% 정도의 수익률을 실현할 수 있다. 초보자에게는 우스운 숫자로 보일지 모르나 전문가가 아닌 일반인 투자자가 전력투구해야 달성 가능한 수치다. 이 방식의 진짜 무서운 점은 금융위기조차 관심을 두지 않아도 안전하게 수익을 얻을 수 있다는 점이다.

이건 세계적으로 유명한 투자 전문가 레이 달리오가 만든 포트폴리오인데, 그는 엄청난 데이터광이었다. 그가 만들어놓은 포트폴리오의 이름은 '올웨더'로 어떤 날씨에도 안전할 수 있는 포트폴리오라는 뜻이다. 투자를 공부하기 싫다면 아래의 표를 참고해서 그대로 따라 하기만 해도 예금이나 적금보다는 3~4배 높은 수익을 낼 수 있다.

올웨더 포트폴리오의 자산군별 비율

ETF 이름	자산군 이름	비율
VTI	미국 주식	12
VEA	미국 외 선진국 주식	12
VWO	신흥국 주식	12
DBC	원자재	7
IAU	금	7
EDZ	미국 제로쿠폰 장기채	18
LTPZ	물가연동채(만기 15년 이상)	18
VCLT	미국 회사채	7
EMLC	신흥국 채권(로컬화폐)	7

여기서 잠깐 계산해보자. 72의 법칙에 따라 어떤 사람이 이율 2%의 예금에 투자했다면 그의 돈은 32년 뒤에 두 배가 된다. 그런데 수익률 6%의 포트폴리오에 따라 꾸준히 투자한다면 그의 돈은 12년 뒤에 두 배가 되어 있을 것이다. 적금 이자라면 고작 2%로 32년에 걸쳐 자산을 두 배로 만들지만 이 포트폴리오라면 아무런 노력 없이도 그보다 세 배 빨리 자산을 두 배로 만들 수 있는 것이다. ETF로 6%의 수익률을 거두는 것은 예금이나 적금으로 이자 2%를 얻는 것만큼이나 쉽다.

사실상 어떤 노력 없이 따라 하기만 해도 얻을 수 있는 수익이다. 그러니 금융을 조금이라도 공부한 우리에게는 2%가 아닌 6%가 '최소한으로 거둘 수 있는 수익'의 기준이 되는 셈이다.

미국 주식 전체에 투자하는 ETF로 VTI라는 상품이 있다. 여기에 있는 ETF들은 전부 다 ETF 해외 거래 계좌를 개설한 다음 살 수 있는 것들이다. 원자재 7%, 금 7%, 회사채 7%, 신흥국 채권 7%… 머리 아프게 숫자 보고 있기 싫다면 이렇게라도 투자하자.

당신은 경제를 어떻게 전망하는가? 다음 선택지 중에서 골라보자.

① 전 세계를 놓고 보자면, 어쨌든 조금이라도 성장할 것이다.

② 전 세계를 놓고 보자면, 아마도 지금과 비슷한 상태를 유지할
   것이다.

③ 전 세계를 놓고 보자면, 조금씩 뒤로 후퇴할 것이다.

만약 ③번을 고르지 않았다면, 즉 어떻게든 후퇴하지 않고 성장
하리라는 믿음이 있다면 VT라는 ETF를 추천한다. 전 세계 자산
에 나눠서 투자하는 ETF다. 과거의 한국 개미 투자자들은 한국
시장에만 투자하는 경향이 강했지만 요즘에는 초보자라도 미국
이나 글로벌 주식에 관심을 가진다. 바람직한 일이라고 생각하는
데, 해외 거래 계좌만 개설하면 아마존, 넷플릭스, 구글 같은 기
업에도 내 돈을 넣을 수 있기 때문이다.

해외 시장의 자료를 한번 찾아보면 중국의 기대수익률은 8.5%,
미국은 6.5%로 나온다. 그에 비해 한국은 3.5~4%다. 인도, 중국,
미국을 빼놓고 투자하는 것이 아깝게 느껴지지 않는가?

지키기만 하면 폭망할 일 없는 투자 오답 오트

반드시 지켜야 할 투자의 원칙

앞서 ETF를 어떻게 투자해야 할지 전략을 정했다면, 이번에는 실제로 운영할 때 어떻게 해야 할지 알아보자. 여러 번 말했던 내용을 먼저 정리해보자면 다음과 같다.

첫째, 투자는 2~3년 내에 확정적으로 지출해야 할 돈을 가지고 하면 안 된다. 물론 자기가 재량껏 해서 불리는 경우도 있지만 재테크를 업으로 삼고 있지 않은 평범한 직장인이라면으로 따라야 할 원칙이다.

둘째, 투자처를 정할 때는 당연히 수수료가 더 싼 상품에 가입해야 한다. 최근에 ETF가 우후죽순 생겨나다 보니까 서로 경쟁사들끼리 ETF 수수료를 계속 내리는 일이 있었다. 어느 경제 방송에서 "지금 이 ETF가 가장 수수료가 저렴합니다"라고 나왔더니 방송 직후 다른 자산운용사에서 바로 수수료를 인하하는 일도 있었다. 우리 같은 투자자 입장에서는 반가운 경쟁이었다.

셋째, 투자하기 전에 비상금을 반드시 확보해야 한다. 비상금이란 급여의 두세 배 정도를 말한다. 단기적으로 어떤 일이 일어났을 때, 예를 들어 가벼운 입원이나 사고가 났을 때 그 비용을 위해 투자 상품이나 보험을 깨트리지 않고 계속 유지할 수 있도록 하기 위함이다.

마지막으로, 제발 부탁드린다. 대출해서 투자하지 말자. 단 한 번에 '폭망'할 수 있는 길이다. 그리고 이상하게도 투자 공부를 얕게 한 분들이 대출해서 무리하게 투자하는 경우가 많다. 고수는 그렇게 하지 않는다. 대출받을 시간에 공부하고 더 공부하라.

정보를 얻고 싶다고? 그럼 내 돈을 조금만 넣어보면 된다. 일정 액수의 손실이 결국 수업료가 되어줄 것이다. 이렇게 적은 돈부터 투자하면서 사이클의 변화, 금리에 따른 주가 변화, 상황에 따른 시장 주도주 변화 등을 겪어봐야 한다. 사람을 알려면 사계절은 지나야 한다는 말처럼, 투자를 알려면 투자의 사계절(상승에서 하락까지)을 경험해봐야 한다. 최근 몇 년 사이에 주가가 크게 출렁였다. 급락하는 시장에서 시쳇말로 '멘탈이 흔들린다'고 말하는 이들이 많았다. 그런데 오래전부터 투자해온 이들은 벌써 2008년 글로벌 금융위기 같은 일을 겪어봤기에 비교적 덤덤하게 버틸 수 있었다. 결정적 순간에 나를 버티게 하는 것은 '경험치'인 셈이다.

장기투자

안전한 투자를 원한다면 장기투자와 분산투자가 기본 중의 기본이다. 그런데 이 두 가지는 가장 지켜지지 않는 원칙이기도 하다. 거의 20년 동안 어마어마한 수익률을 기록한 전설적인 펀드매니저 린다 핀치는 이렇게 말했다. "펀드를 이리저리 옮겨 다니는 것은 최악의 실수다." 장기투자의 중요성을 일깨우는 발언이다.

세계적인 펀드매니저와 투자 고수들은 한결같이 장기투자와 분산투자를 기본 원칙으로 내세운다. 벤저민 그레이엄, 워런 버핏, 피터 린치, 존 템플린, 존 보글…. 이들은 모두 우량 주식이나 우량주 펀드에 짧게는 5년, 혹은 10년 이상 투자해서 엄청난 수익을 냈다. 또한 노벨 경제학상 수상자인 윌리엄 샤프 전 스텐퍼드 대학교 교수는 "가만히 장기투자해서 얻을 수 있는 수익을 굳이 엄청난 노력을 기울여 정확히 예측해야 하는 이유가 무엇인가?"라고 반문했다.

그럼에도 국내에서는 '3년만 들고 있어도' 장기투자라고 부르는 추세다. 해외에서는 최소 5년이나 10년을 가리키는 것과 비교해볼 만하다.

분산투자

한편 분산투자에 대한 격언은 이미 너무 많이 들어봤을 것이다. 바로 "계란을 한 바구니에 담지 마라"다. 당신의 인생을 바꿔 줄 종목을 찾았는가? 그렇다고 해도 그 종목에 올인하지는 마라. 하나의 주식, 하나의 ETF를 들고 있는 것보다는 비슷한 수준으로 좋아 보이는 ETF 20개를 선택해서 각 5%씩 투자하는 것이 훨씬 오래 가는 길이다. 이렇게 투자하면 망하고 싶어도 망할 수가 없다. 금융위기가 와도 2년만 지나면 지수가 돌아올 테니까.

〈라디오스타〉에 전원주 선생님이 출연한 적 있다. 전원주 선생님은 알 사람은 다 아는 투자계의 큰손이다. 그녀의 가장 큰 비법은 팔지 않는 것이었다. 전원주 선생님이 고수라는 사실이 어색하게 느껴지는가? 그런데 실제로 한국 투자 시장에서 활동하는 일반인 가운데 가장 큰 수익률을 내고 있는 이들이 50대 여성이었다. 왜냐고? 사면 잘 안 팔기 때문이다.

전원주 선생님이 말하기를 처음에는 주식을 파는 것을 몰라서 그냥 안 팔았다고 한다. 그런데 큰 수익이 났다는 것이다. 반대로 가장 수익률이 낮은 사람이 20대 남성이다. 이들은 너무 똑똑해서 문제다. 스마트폰으로 능숙하게 하루 종일 주가를 본다. 당연히 수시로 사고팔다가 실패한다.

인덱스의 위대함

다음은 인덱스의 위대함이다. 내가 시장에 지는 것이 당연하다는 것을 인정하고 나면 반대로 이기기가 너무 쉬워진다. 벤치마크로 투자하고 인덱스로 투자하면 되기 때문이다. 며칠 전 한 친구가 이렇게 말했다. "내가 요새 카카오로 40% 먹고 미국에 있는 메타버스 기업으로 50% 먹었어. 어때?" 친구의 자랑을 들으며 나는 위험 신호를 감지했다. 이 친구는 투자 공부를 한 적이 한 번도 없는 사람이었는데도 두 종목으로 큰 수익을 얻었다며 이렇게 말했기 때문이다. "나는 ETF 스타일 아닌 것 같아. 난 주식으로 크게 크게 먹어야 돼."

이게 얼마나 우스운 이야기인지 여러분은 이해할 것이다. 운이 좋으면 한두 번 더 돈을 벌 수도 있겠지만, 대부분은 반토막 나기 십상이다. 투자는 멋진 한 판 승부 같은 것이 아니다. 당신의 재산, 어쩌면 인생이 달려 있는 문제다. 버는 것보다 중요한 것이 지키는 것이다. 지지 않는 싸움을 해야 한다. 공부할 여력도 체력도 없는 직장인에게는 간접투자가 최선이다.

투자계의 전설 워런 버핏도 이렇게 말했다. "내가 죽으면 인덱스에 절반을 투자하고, 나머지 절반은 우리 회사(버크셔해서웨이)에 투자하라." 워런 버핏은 대표적인 가치 투자자이기 때문에 주식 가격보다 실제로 저평가되어 있는 주식들에 투자하라는 의미로 자기 회사

주식에 절반을 투자하라는 것이고 나머지는 최소한 평균만 가져가자는 의미로 인덱스에 절반 투자하자고 있다.

분할 매수

다음으로 분할 매수다. 개인은 시장을 예측할 수 없다는 사실을 인정하고 나면 분할 매수가 최고의 선택지라는 것을 자연스럽게 깨닫게 된다. 예를 들어 비행기 산업을 살펴보자. 비행기 산업은 호황기인 여름과 비호황기인 나머지 계절로 철저히 구분된다. 그러므로 여름철에는 비행기 회사의 주가가 많이 오른다.

내가 하필 여름에 투자를 시작했다고 해 보자. 돈을 넣고 나니 곧 주가가 떨어지기 시작할 것이다. 그래도 나는 굴하지 않고 매월 정해진 돈을 똑같이 계속해서 투자한다. 다시 내년 여름이 되면 호황이 찾아오고, 비행기 관련 주가도 고점을 되찾을 것이다. 나의 최종 수익률은 어떻게 되었을까? 고점에서 투자를 시작했지만 그래도 수익을 냈다.

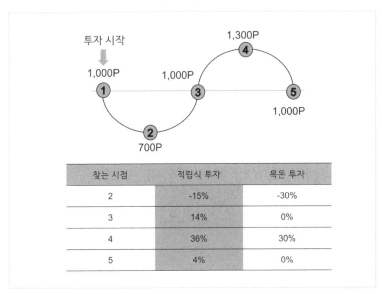

평균단가 효과

찾는 시점	적립식 투자	목돈 투자
2	-15%	-30%
3	14%	0%
4	36%	30%
5	4%	0%

내가 산 주식이 당장 최고가를 기록하지 않더라도, 심지어 떨어졌더라도 이전 주가만큼만 회복할 수 있다면 그보다 저렴하게 산 것은 전부 수익으로 돌아온다. 또한 주가가 비쌀 때는 내가 가진 돈으로 살 수 있는 주식의 수가 적어지고, 반대로 주가가 저렴할 때는 더 많은 수의 주식을 살 수 있게 된다. 이것을 평균 단가^{cost averaging}라고 한다. 평균적으로 매수한 단가가 점점 떨어지는 효과를 말하는 것이다. 내가 매월 똑같은 돈을 투자해 분할 매수한다면, 그리고 그

산업이 우상향(성장)하기만 한다면 두려울 것이 없다.

그런데 마침 목돈이 5,000만 원쯤 있다면 일시에 투자해도 될까? 이런 경우일지라도 하루에 전액을 투자하기보다는 매달 500만 원, 혹은 1,000만 원씩 여러 달에 걸쳐 투자하기를 권한다. 개인이 인덱스보다 잘할 가능성은 없듯이 내가 매수하는 타이밍이 하필이면 제일 좋은 타이밍일 가능성은 희박하다. 그러니 분할 매수해야 한다. 분할 매수는 차선책 중 최고의 선택이다. (최선책은 우리의 것이 애초에 아니다.) 이렇게 보면 일시적으로 수익률이 마이너스가 되어도 우울해질 일이 아니다. 지금부터는 더 싸게 살 수 있기 때문이다.

레버리지와 인버스는 구경도 하지 마라

이쯤에서 꼭 일러두고 싶은 것이 있다. 안전한 투자를 원한다면 ETF로 레버리지나 인버스를 하면 절대 안 된다는 것이다.

투자 대상의 수익률이 횡보하는 경우, 지속적으로 하락할 경우, 지속적으로 상승할 경우, 불규칙적으로 상승과 하락을 반복할 경우로 나누어 살펴보자. 우선 투자 대상이 상승과 하락을 반복하며 횡보할 경우에 레버리지는 원래의 투자대상이 횡보하는 것보다 훨씬 더 큰 폭으로 거의 두 배로 올랐다가 두 배로 떨어진다. 이런 과정 이 누적되면 결국은 훨씬 더 많이 잃는다. 장기 보유하면 할수록 내 가 위험해질 가능성이 매우 커진다는 뜻이다.

만일 주가가 하락한다면? 레버리지는 더 많이 하락할 것이다. 물 론 인버스는 상승한다. 반대로 주식이 상승한다면? 인버스를 쥐고 있는 사람은 급락하게 되고 레버리지는 상승할 것이다. 이를 종합 해서 불규칙적인 상승과 하락을 할 경우에는? 주가 그래프에 비해 서 레버리지와 인버스가 치솟고 꺼지는 모습을 확인할 수 있다. 그 러니 레버리지와 인버스는 안정성을 추구하는 사람에게 절대 좋은 상품이 아니다.

종목 추천방은 짜고 치는 고스톱

연예인 조영구 씨의 이야기가 큰 이슈로 떠오른 적 있다. 그가 인생 주식이라고 생각했던 종목이 어마어마하게 하락해서 죽고 싶 을 정도로 충격받았다는 사연이었다. 사실 투자를 하다가 보면 주위에서 종목을 추천해주는 경우가 많다. 심지어 얼굴도 한 번 본 적 없는 타인에게 문자가 오기도 한다. '급등할 종목입니다'라면서. 그런데 여기에 휘말리면 절대 안 된다.

종목 추천은 보통 이런 식으로 진행된다. 누군가 어떤 주식을 이미 가지고 있다. 그 상태에서 수천만 명에게 문자를 발송한다. '이 종목이 좋습니다. 꼭 오릅니다.' 문자를 받고 적지 않은 사람이 덩달아 투자한다. 그럼 당연히 조금 오른다. 누군가가 사고 있기 때문이다. 그런데 종목을 처음 추천했던 사람이 타이밍을 봐서 본인의 투자금을 회수해버린다. 본인은 상승한 주가에 주식을 처분했겠지만 이후로 주가는 급락한다. 대부분의 투자자는 손해를 입을 수밖에 없다.

부끄럽게도 투자를 처음 배우던 시기에 나 역시 이런 수법에 당했던 적 있다. 무려 3,400만 원을 잃는 데 딱 두 달밖에 걸리지 않았다. 매일 눈뜨면 200만 원씩 사라져 있었다. 정말이지 지옥이 따로 없었다. 정신이 나간다는 말이 무엇인지 절절히 느꼈다. 그러면서 제대로 된 투자 공부를 해야겠다고 생각했고 오답 노트를 만들기 시삭했다.

200만 원 잃었을 때 "내가 이런 원칙을 지키지 않아서 잃었구나"

라고 적고, 다시 3,000만 원 잃었을 때 "역시 이런 원칙을 지키지 않아서 잃었구나"라고 추가로 적었다. 이 오답노트를 만들기 위한 나의 수업료가 대략 6,000만 원이었다. 긍정적으로 보자면 나는 6,000만 원짜리 가치를 가진 노트를 얻은 셈이다.

물론 계속 실패하지는 않았다. 이후로 안전하게 투자하는 방법을 배웠고 투자 전략도 전부 바꿨다. 수익률은 당연히 플러스로 돌아선 지 오래다. 당시 내가 적었던 교훈을 다음 페이지에 간단히 정리해보았다. 장담하건대 오답노트에 있는 지침만 지켜도 한 번에 망할 일은 절대 없을 것이다.

투자 오답 노트

주요전략 : 직장인인 나는 정보의 접근성이 낮다는 걸 명심하자. 안전한 투자로 자산을 지키자.

하나, 전체 자산 중 직접투자(투식, 비트코인, 부동산) 최대 비율은 30%를 넘기지 말 것(ETF에 최소 70%를 투자).

둘, 한 종목에 투자하기보다는 5%씩 20종목에 나누어 투자할 것 (특별한 상황이 생겨도 최대 20%를 넘기지 말고 잘 모르는 자산은 10% 넘기기 금지).

셋, 시장이 조용하거나 악 소리가 날 때 들어가고 반응(거품)이 좋을 때 나갈 것.

넷, 수익 제고보다 위험 관리가 더 중요하니 직감보다는 전문가를 믿을 것.

다섯, 만약 레버리지 같은 위험한 수단을 사용할 경우 투자 대상은 철저히 안전한 대상으로 선택할 것.

여섯, 이유 없이 오르거나 빠지고 있다면 현상에 속지 말고 대응 가능한 현금을 보유하고 있을 것(거품이 빠지면 자산을 투입).

일곱, 급등하는 주식은 절대 줍지 말고 대신 개별 종목보다 급등하는 섹터 ETF를 잡을 것.

여덟, 매수 이후 급등한 주식의 경우 30%만 남기고 70%는 손절할 것(급등하는 주식은 급락의 위험이 있다).

아홉, 처음부터 뜬 상태로 시작한 장은 경계하고 장이 열린 지 30분 뒤 다시 확인할 것.

열, 장기하락장은 저점을 찍고 더블유 상승을 그린 후에나 추매할 것.

열하나, 물타기는 아무리 급해도 일주일 간격 혹은 이주일 간격으로 실행할 것.

4장

지속관리
시스템으로
완성하는
'같은 월급, 다른 인생'

4개의 통장으로 월급을 정복하라

이제 마지막 4장에서 이야기할 것 중 하나는 '4개의 통장'이다. 오른쪽 페이지의 로드맵을 보자. 1장에서 소개했던, 경제적 자유를 향하는 부의 알고리즘이다. 이를 다시 펴놓고 보자면 이제 후반부 '투자' 단계도 넘어 돈을 지속적으로 '관리'하는 단계에 도래했다고 볼 수 있다.

돈을 관리하고 불리는 것이 왜 중요할까? 여담이지만, 내 동생은 요리하는 쉐프다. 금융이니 투자니 잘 모르기 때문에 그냥 내가 알

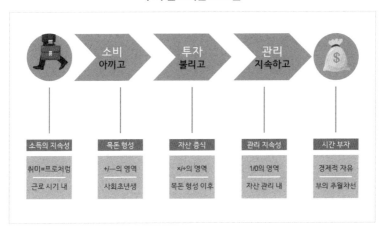

부의 알고리즘 로드맵

	소비 아끼고	투자 불리고	관리 지속하고	
소득의 지속성	목돈 형성	자산 증식	관리 지속성	시간 부자
취미=프로처럼	+/—의 영역	×/÷의 영역	1/0의 영역	경제적 자유
근로 시기 내	사회초년생	목돈 형성 이후	자산 관리 내	부의 추월차선

려주는 대로 기계적으로 따라 한다. 그러던 어느 날 근무하던 일식집을 그만두게 되었다. 다음 직장을 구해두고 그만둔 게 아니라서 오마카세 가게를 다음 직장으로 알아보고 있었는데 예상했던 것과 달리 퇴직 후 구직하는 기간이 조금 길어졌다. 그 기간 동안 수입이 없다 보니까 매번 꾸준히 넣던 적금도 멈추고 펀드도 해약하게 되었다. 수년 동안 공들여 만들어놓은 금융 시스템이 한 번에 무너진 것이다.

이렇게 무너진 시스템을 복구하려면 짧게는 수개월에서 길게는 수년이 필요하다. 아무리 좋은 투자처를 알고 있어도 이처럼 현금 흐름을 관리하지 못한다면 도로아미타불이 된다. 살다 보면 누구나 위기를 만난다. 예상치 못한 퇴직, 질병, 사고가 생길 수 있다. 그럴 때 보험을 깨거나 저축을 헐지 않고 버티려면 비상금 통장이 필요하다.

물은 손으로 잡을 수 없지만 얼음으로 얼리고 나면 가능해진다. 돈도 마찬가지다. 그냥 흘러가게 두지 말고 필요한 만큼씩 얼려두어야 한다. 언제든 내가 원할 때 잡을 수 있도록.

4개의 통장

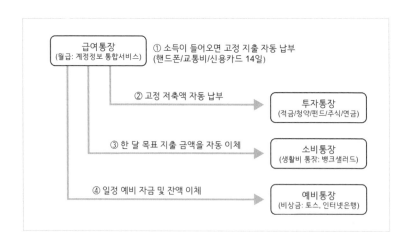

만약 내가 매월 말일에 월급을 받는다고 가정해보자. 그럼 말일에는 통신비, 교통비, 카드비를 전부 이체해야 한다. 늦어도 이틀 내로 실행하도록 하자. 카드는 항상 매월 1일부터 말일까지 사용한 금액이 다음 달에 청구되도록 맞춰놓자. 그래야 내가 한 달 동안 얼마를 썼는지 파악하고 다음 달 계획을 세우기 좋다. 이렇게 고정 지출을 납부했다면 이제 저축으로 가보자.

저축의 이상적 비율은 50%라고 말했다. 이 50%를 다시 쪼개서 단기 자금, 중기 자금, 장기 자금으로 만들어야 한다. 다른 말로 하자면 위험관리자금, 저축과 투자, 연금이라고 할 수 있다. 단기 자금이란 3년 내로 있을지 모르는 일에 대비하는 돈이다. 예를 들어 결혼을 예상하는 경우, 부모님께 안마의자처럼 비싼 선물을 할 계획인 경우, 친구와 함께 해외여행을 가겠다는 목표를 세운 경우 등이다. 이를 위해 적금을 활용해보자.

다음으로 보험이나 연금은 당연히 세금을 돌려받을 수 있도록 설계하는 것이 좋은데, 나의 경우 소득 대비 3~4% 정도를 보험에 넣고 있다. 청약도 놓치지 않아야 한다. 묻지도 따지지도 말고 들어놓자. 행복주택 대상 비율은 점점 넓어질 것이기 때문이다. 그리고 나서 나머지를 펀드와 주식, ETF에 투자한다. 다시 한번 정리하자면 최소 50% 이상의 저축 자산 중에 보험, 연금, 적금, 청약을 다 하고 나머지 모든 금액을 투자하면 된다. 이 투자를 다시 쪼개보자면, 아무리 주식을 많이 사고 싶다고 하더라도 20%를 넘기지 말고 간접 투자를 높여라.

자, 그럼 이제 소비를 할 시간이다. 급여통장에서 남은 돈 중 쓸 만큼만 꺼내서 소비통장에 옮겨놓는다. 이 통장에 매달 쓰고자 하는 돈을 50만 원이면 50만 원, 70만 원이면 70만 원 넣어둔다. 체크카드를 연결해놓고 사용할 때마다 문자 알림을 받도록 해놓자. 그럼 '지금이 이번 달 중순인데 벌써 35만 원 이상을 썼네. 돈이 절반도 남지 않았으니 아껴야겠다'거나 '월말이 가까워졌는데 아직 50만 원이나 남았네? 조금 여유를 가져도 되겠다'라는 식으로 따져보기 수월해진다.

이제 마지막으로 예비통장을 알아보자. 앞에서 말한 투자와 소비가 항상 지속되기 위해서는 반드시 예비통장이 있어야 한다. 예비통장에는 얼마만큼의 돈이 들어 있어야 할까? 내 월급의 두세 배 정도 금액이다. 최소 한 분기 정도는 소득이 끊기더라도 소비하고 저축하고 투자도 이어나갈 수 있어야 동생과 같은 일이 벌어지지 않는 것이다. 2~3개월 동안 단돈 몇 백만 원이 없어서 시스템이 무너지지 않게 하려면 꼭 예비통장을 마련해두자.

예비통장은 CMA 혹은 파킹통장으로 상품을 검색해보면 좋다. 인터넷은행이나 상호저축은행을 살펴보면 매일매일 조금씩 짧은 기간에도 이자가 발생하는 상품이 있다. 그 안에 내 급여의 두세 배, 아무리 못해도 500만 원 정도를 넣어두어서 툭 치면 나올 수 있게 하면 된다. 그럼 이 돈은 언제 사용해야 할까? 예상치 못한 지출, 즉 갑작스럽게 발생한 축의금, 갑자기 아픈데 보험이 적용되지 않는 치료 같은 것에 사용하면 된다.

소비통장에 쓰고 남은 돈이 발생했다면 이는 예비통장으로 옮겨야 한다. 그런데 예비통장에 내 급여의 2~3배를 초과하는 금액이 모였다면? 초과한 금액만큼은 투자통장으로 옮기면 된다. 목돈이 모였다면 분할 매수를 할 수도 있고, 그 정도는 아니라면 예적금 같은 안전한 상품에 넣어둘 수도 있다.

대부분의 사람은 가지고 있는 돈을 써버리는 습관이 있다. 이건 의지력으로 해결되는 문제가 아니다. 그러니 반드시 통장을 쪼개서 관리해야 한다. 또한 통장마다 별명을 붙여놓으면 더욱 좋다. '가족 여행비' '강아지 수술비'라고 적어놓고 중장기 투자 통장에는 '경제적 자유의 씨앗' 같은 조금 유치하더라도 기분 좋은 이름을 붙여보자. 연구에 따르면 이름을 붙이는 것만으로도 통장을 해지할 확률이 20%가 줄어든다고 한다. 특정 연예인이나 만화, 게임을 덕질하듯이 금융도 덕질하는 느낌으로 접근해보라. 통장들이 사랑스럽게 느껴질 것이다.

통장마다 이름을 붙였다면 내가 굴리고 있는 금융 시스템의 설계도를 노트에 그려보자. 그리고 매월 수익률은 얼마인지, 저축한 돈은 얼마인지 적는다. 이런 활동이 반복되면 월급 관리하는 날이 기다려진다. 이번 달에는 얼마를 벌었을지 궁금해지는 것이다. 마치 게임을 하면서 레벨이 올라가는 것을 지켜보는 기분이다.

현금흐름의 보험, 신용점수 관리

이렇게 현금 흐름을 관리하다 보면 자연스럽게 신용등급도 관리된다. 신용점수를 높게 유지하는 것은 하나의 보험을 드는 것과 같은 효과를 가져온다. 사회초년생이 급한 돈을 얻으려고 마이너스 통장을 뚫는다면 적어도 7% 정도의 이자를 내야 할 것이다. 그런데 소득이 많고 튼튼한 대기업에 다니는 사람이라면 2,000만 원 정도를 빌리는 데 2% 이자만 내면 된다.

만약 은행 대신 부모님이 빌려주실 수 있다면 좋겠지만 누구나 그런 행운을 기대하지는 못한다. 우리가 적은 이자를 내고 돈을 빌리려면 신용점수를 관리해야 하며, 이는 경우에 따라서 이율 5%만큼의 혜택을 가져다준다. 일단 내 신용점수가 궁금하다면 토스나 뱅크샐러드와 같은 각종 금융 어플을 이용해보자. 요즘은 몇 번의 터치만으로 내 신용점수를 확인할 수 있다.

매년 2월 보너스 받는 직장인 되기

인생 설계 필수 6단계 중 위험설계, 은퇴설계, 저축·투자설계, 세금설계. 이렇게 네 가지만 마스터하면 우리는 직장인으로서 완전한 체계를 갖추었다고 하겠다.

인생 설계 필수 6단계

6단계: 상속 설계		
5단계 : 부동산 설계	3단계: 저축·투자 설계	4단계 : 세금 설계
	2단계: 은퇴 설계(연금)	
1단계: 위험 설계 (보험)		

사실 세금 설계를 따로 배울 필요는 없다. 앞서 설명한 저축 상품들을 필요한 비율대로 가입했다면 이미 연말정산 시에 돌려받을 수 있는 세금 설계가 거의 다 된 셈이기 때문이다.

세금 징수란 국가와 공공기관이 나랏일을 하기 위해서 필요한 돈을 모으는 행위다. 내가 대한민국 국민으로서 나라의 보호를 받기 위해 내는 월세라고 생각해도 된다. 국가가 파악한 나의 모든 소득에는 세금이 붙어 있고, 소득이 발생하면 당연히 소득세도 생긴다. 그런데 국가는 세금 정책을 조금 더 스마트하게 만들었다. 무슨 뜻인가 하면 '말을 잘 듣는 사람에게는 세금을 돌려주겠다'라는 것이다. 반대로 하지 말라는 것을 하면 세금을 더 걷는다.

세금을 돌려주는 것을 세금 공제 제도라고 한다. 예를 들어 출산은 국가의 노동과 성장에 필수적인 핵심 자원을 낳아주는 일이다. 그러니 장려하기 위해 세금을 돌려준다. 보험도 그렇다. 국가가 보장하지 못하는 본인의 질병을 스스로 보장하기 위한 장치니까 역시 세금을 돌려준다. 만약 전 국민이 아무도 보험을 들지 않았다고 해보자. 질병이 돌아서 많은 사람이 의료비 때문에 허덕인다. 그러면 결국 국가가 나서서 의료비나 사회보장비를 내야 하는 지경에 이를 것이다. 또한 이미 고령화 사회가 뻔히 보이는 이 시점에 개인이 노후를 직접 준비하지 않는다면 심각한 사회 문제로 이어질 수도 있다. 그래서 개인이 연금 상품에 돈을 투자하면 국가는 '당신이 중요한 일에 돈을 썼습니다'라고 인정해주는 대가로 세금을 돌려준다. 인적 공제도 이렇게 이해하면 된다. 이 사람이 일하기 위해서 필요한 최소한의 경비가 있을 테니까 그만큼은 돌려준다는 개념이다.

잘하면 보너스, 모르면 폭탄

그렇다면 연말정산에 대해서 이야기해보자. 연말정산은 잘 준비하면 보너스, 모르면 폭탄이 된다. 월급을 받을 때 우리는 매월 소득세를 내고 있다. 회사에서 알아서 세금을 떼고 당신에게 월급을 주는데 이를 원천징수라고 부른다. 그런데 당신은 소득세를 많이 냈을 수도 있고 적게 냈을 수도 있다. 그래서 매년 2월에 모아서 정산한다. 내가 생각보다 많이 냈으면 돌려주는 것이고, 적게 냈으면 더 내라고 하는 것이다.

그럼 많이 내는가, 적게 내는가의 기준은 무엇일까? 국가가 보기에 '말을 잘 들었는가' 하는 것이다. 세금은 국가가 나에게 주는 '당근과 채찍'과 같은 것이다.

먼저 과세표준이라는 것이 있다. 내 소득 범위 구간에 따라서 얼마의 세율이 가산되는지를 나타낸 표다. 여기서 소득공제와 세액공제를 구분해서 알아야 한다.

과세표준	기본세율
1,400만 원 이하	과세표준의 6%
1,400만 원 초과 5,000만 원 이하	84만 원 +(1,400만 원 초과금액의 15%)
5,000만 원 초과 8,800만 원 이하	624만 원 +(5,000만 원 초과금액의 24%)
8,800만 원 초과 1억 5,000만 원 이하	1,536만 원 +(8,800만 원 초과금액의 35%)
1억 5,000만 원 초과 3억 원 이하	3706만 원 +(1억 5,000만 원 초과금액의 38%)
3억 원 초과 5억 원 이하	9406만 원 +(3억 원 초과금액의 40%)
5억 원 초과 10억 원 이하	1억 7,406만 원 +(5억 원 초과금액의 42%)
10억 원 초과	3억 8,406만 원 +(10억 원 초과금액의 45%)

소득공제란, 만약 나의 과세표준이 3,000만 원인데, 내가 만약에 소득공제를 500만 원 적용받는다고 하면 3,000만 원에서 500만 원을 제외한 돈 2,500만 원을 나의 과세표준으로 인정해주는 것이다.

세액공제는 최종적으로 나온 세금을 깎아 주는 것이라고 생각하면 된다. 예를 들어 청약과 체크카드는 소득공제 상품이다. 반대로 보험과 연금은 확정된 세금을 돌려주는 세액공제 상품이다. 그러니 이왕 소비를 한다면 체크카드 쓸 경우 소득공제를 최대 30%까지 받을 수 있다. 이는 신용카드의 두 배나 되는 수치다. 즉, 돈을 훨씬 적게 번 사람과 같은 세금을 내게 되는 것이다.

청약의 경우도 알아보자. 연봉이 3,000만 원이라고 가정하고, 매월 20만 원씩 1년에 240만 원을 청약에 투자했다. 청약은 40%를 소득공제 해주므로 240만 원의 40%인 96만 원이 공제된다. 그러므로 나는 2,904만 원으로 기준으로 세율이 정해지게 된다.

이렇게 귀찮은 계산을 꼭 해야 하는지 묻는 사람들을 위해 충격 요법을 사용해보겠다. 어느 날 요정이 묻는다. "9만 6,233원을 받을 래, 64만 6,764원 받을래?" 당연히 후자를 택할 것이다. 두 금액은 사실 100만 원을 어떻게 굴리느냐에 따라서 나오는 결과값이다. 어떻게 이런 마법이 펼쳐졌을까?

매월 수입이 250만 원인 사람이 있다. 그는 다음과 같이 지출한다.

· 월세 및 공과급 45만 원

· 식비 및 교통비 45만 원

· 통신비 5만 원

· 기타 여가비 55만 원

· 기타 저축 등 100만 원

'기타 저축'이라고 되어 있는 100만 원이 문제의 돈인데, 그는 그냥 금리 1.75%짜리 적금에 투자하고 있다고 해보자. 그가 매년 받는 이득은 9만 6,233원이다. 그런데 그의 소비 내역은 그대로 둔 채 '기타 저축' 영역의 100만 원만 다음과 같이 나누었다고 해보자.

상품(적립액)	이자	세금환급	금리
적금(25만 원)	24,059원	–	1.75%
주택청약(10만 원)	16,497원	79,200원	3%
소장펀드(20만 원)	101,520원	158,400원	6%
펀드(25만 원)	48,118원	–	3.5%
보험(15만 원)	보장	120,000원	–
IRP 연금(5만 원)	연금	99,000원	–
총계	190,194원	456,600원	

그럼 그는 이자와 세금 환급을 통해 총 64만 6,794원을 얻게 된다. 이렇게 결과를 보고 난 후에도 '9만 원'을 택하는 사람은 없을 것이다. 다만 그동안의 우리는 몰라서, 무서워서 피했을 뿐이다. 연말정산은 이렇게 중요하다. 꼭 세액공제, 소득공제 상품을 활용해서 2월의 보너스를 받도록 하자.